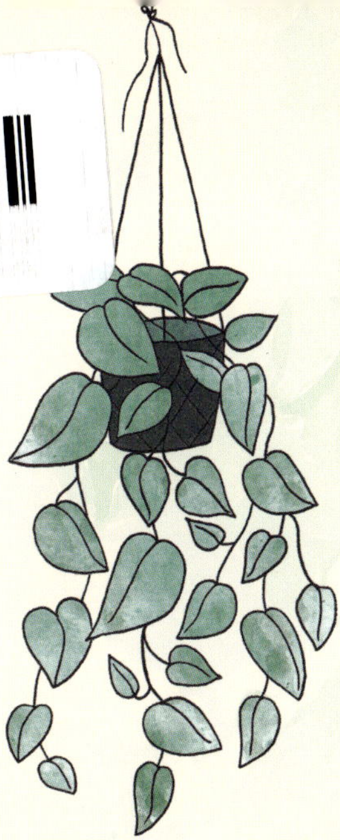

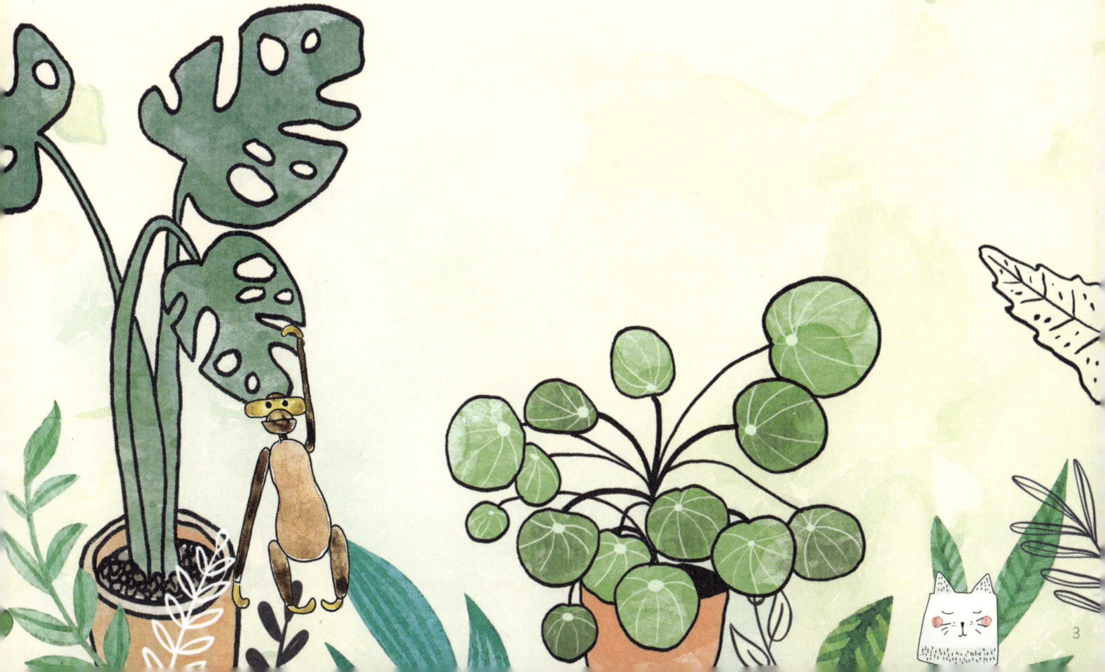

4

Dieses Journal gehört:

_____

HEY HO,

schön, dass du da bist! (Ich hoffe das Du ist okay für dich.) Einem grünen Freund - so nenne ich Pflanzen aller Art - ein neues Zuhause zu schenken, ist erst einmal easy. Ich gebe es offen und ehrlich zu: Ich habe mir anfangs keine sonderlichen Gedanken darüber gemacht, welche Pflanzen glücklich bei mir sein und welche Gadgets mir helfen könnten. Im Laufe der Zeit kamen dann aber immer mehr Herausforderungen auf mich zu, mit denen du wahrscheinlich auch zu kämpfen hast.

Ich möchte dir mit meinem kleinen Pflanzen-Journal helfen, sie zu meistern. Zum einen kannst du es nutzen, um deinen Alltag zu organisieren. Wenn du genauso unstrukturiert und vercheckt bist wie ich, kann das sehr hilfreich sein! Im Wochenplaner kannst du eintragen, welche Pflanzen-Projekte du umsetzen möchtest, was an To-dos ansteht und wie sich deine grünen Freunde entwickeln. Kommt eine Blüte? Lässt einer die Blätter hängen? Schwirrt gar eine fiese Trauermücke herum?

Zum anderen findest du hier Tipps und Tricks rund um deine
kleinen Lieblinge: Was sind die besten Einsteigerpflanzen?
Was ist beim Kauf von neuen grünen Freunden zu beachten?
Und welche schaden deinem kleinen felligen Mitbewohner
nicht? Außerdem gebe ich Hilfestellung rund um alle Pflanzen-
Basics, vom Gießen übers Düngen bis zum richtigen Standort.
Du glaubst gar nicht, wie prächtig die Kleinen gedeihen,
wenn man ein paar simple Regeln beachtet.

On Top gibt's noch ein paar kleine DIY-Projekte und drei
Kosmetik-Rezepte - was will man mehr?
Ich hoffe, ich kann dir so dabei helfen, dein Zuhause in
einen kleinen Dschungel zu verwandeln.

Viel Spaß mit deinen neuen Freunden!

Deine Julia Friederike

INHALT

Grußwort 6

Tipps zum Pflanzenkauf 17

Einsteigerpflanzen 19

Pflegefehler rund ums Wasser 21

Das ideale Pflanzengefäß 25

DIY-Kreativprojekt: Makramee-Ampel 26

Das richtige Material für den Pflanzentopf 33

Haustierfreundliche Zimmerpflanzen 35

Wurzelfäule 39

Erde 41

Balkonbepflanzung 47

Spinnmilben 51

Was ist in meiner Erde? 53

Pflanzenarten für dunkle Räume 55

DIY-Kreativprojekt: Wüstenlandschaft 56

Welche Dünger gibt es? 63

Bio-Dünger aus einfachen Hausmitteln 65

Wollläuse 67

Insektenfreundliche Pflanzen 69

Wie entwickle ich das richtige Gießverhalten? 77

Pflanzenarten für helle Räume 79

Thripse 81

Der Schönwetter- und der Schlechtwetterpilz 83

Kleine Mitbewohner in Gefahr 85

DIY-Kreativprojekt: Glasterrarium 86

Insektenhotel 93

Sonnenanbeter 95

Weiße Fliegen 97

Hochsommer auf dem Balkon 99

Rezept: Aloe-Vera-Lippenpflege 101

Die pflanzenfreundliche Zimmertemperatur 107

Pflanzengruppen bilden 109

Vermehrungsarten: Ableger und Setzlinge 111

Pflanzengruppen bilden: unschlagbare Teams 113

Vermehrungsarten: Teilung 115

DIY-Kreativprojekt: Verschönerung von Pflanzenübertöpfen . . . 116

Umtopfen 123

Luftverbesserer 125

Feuchtigkeitsliebende Pflanzen 127

Hilfe, mein grüner freund korkt 129

Schildläuse 131

Vermehrungsarten: Kopfstecklige 137

Kakteengewächse 139

Vermehrungsarten: Stammstecklinge 141

Rezept: Aloe-Vera-Feuchtigkeitsgel 143

Die Blattfleckenkrankheit 145

DIY-Kreativprojekt: Rankhilfe 146

Vermehrungsarten: Triebstecklinge 153

Sukkulenten 155

Vermehrungsarten: Blattstecklinge 157

Bewässerungsmethoden 159

Der ideale Standort 161

Gadgets 169

Pflegefehler rund ums Düngen 171

Wurzelläuse 173

Trauermücken 175

Überwinterung 179

Bewässerungstipps für den Urlaub 181

Schwärzepilze 183

Pflegefehler: zu viel oder zu wenig Licht 185

Rezept: Lavendel-Salbei-Deo 187

Januar	Februar	März	April	Mai	Juni
1	1	1	1	1	1
2	2	2	2	2	2
3	3	3	3	3	3
4	4	4	4	4	4
5	5	5	5	5	5
6	6	6	6	6	6
7	7	7	7	7	7
8	8	8	8	8	8
9	9	9	9	9	9
10	10	10	10	10	10
11	11	11	11	11	11
12	12	12	12	12	12
13	13	13	13	13	13
14	14	14	14	14	14
15	15	15	15	15	15
16	16	16	16	16	16
17	17	17	17	17	17
18	18	18	18	18	18
19	19	19	19	19	19
20	20	20	20	20	20
21	21	21	21	21	21
22	22	22	22	22	22
23	23	23	23	23	23
24	24	24	24	24	24
25	25	25	25	25	25
26	26	26	26	26	26
27	27	27	27	27	27
28	28	28	28	28	28
29	29	29	29	29	29
30		30	30	30	30
31		31		31	

Juli	August	September	Oktober	November	Dezember
1	1	1	1	1	1
2	2	2	2	2	2
3	3	3	3	3	3
4	4	4	4	4	4
5	5	5	5	5	5
6	6	6	6	6	6
7	7	7	7	7	7
8	8	8	8	8	8
9	9	9	9	9	9
10	10	10	10	10	10
11	11	11	11	11	11
12	12	12	12	12	12
13	13	13	13	13	13
14	14	14	14	14	14
15	15	15	15	15	15
16	16	16	16	16	16
17	17	17	17	17	17
18	18	18	18	18	18
19	19	19	19	19	19
20	20	20	20	20	20
21	21	21	21	21	21
22	22	22	22	22	22
23	23	23	23	23	23
24	24	24	24	24	24
25	25	25	25	25	25
26	26	26	26	26	26
27	27	27	27	27	27
28	28	28	28	28	28
29	29	29	29	29	29
30	30	30	30	30	30
31	31		31		31

M	D	M	D	F

S   S

THEMEN:
- Tipps zum Pflanzenkauf
- Einsteigerpflanzen
- Pflegefehler Wasser

MONATSZIEL:

MONATS-TO-DO:

TRACKER:

1	2	3	4	5	6	7	8	9	10	11	12	13	14	15	16
17	18	19	20	21	22	23	24	25	26	27	28	29	30	31	

TRACKER:

1	2	3	4	5	6	7	8	9	10	11	12	13	14	15	16
17	18	19	20	21	22	23	24	25	26	27	28	29	30	31	

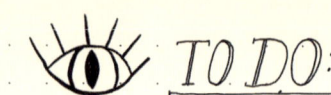

TO DO:

MONTAG

DIENSTAG

MITTWOCH

DONNERSTAG

NOTIZEN

FREITAG

SAMSTAG

SONNTAG

TIPPS ZUM PFLANZENKAUF

Ihr möchtet euer Zuhause in einen kleinen Dschungel verwandeln?
Dann habe ich einige Tipps und Tricks, die ihr beim Kauf eurer neuen grünen
Freunde beachten solltet. Denn ich muss zugeben, ich bin total planlos an
die Sache herangegangen, ohne mir Gedanken zu machen, ob die Pflanzen sich
überhaupt in unserem Zuhause wohlfühlen.

1 Überlege dir im Vorfeld gut, welcher Pflanze du eine perfekte
Wohlfühloase bieten kannst. Es ist sehr wichtig, sich vorab
zu informieren, wie anspruchsvoll dein Wunschkandidat ist,
sonst werdet ihr zwei nämlich keine Freunde.

2 Achte genau auf das äußere Erscheinungsbild. Untersuche alle
Blätter gründlich und vergiss auch die Blattachseln nicht,
da sich dort öfters Schädlinge verstecken, die du beim Kauf
mit nach Hause schleppst. Es mag total strange aussehen, wenn
du die Pflanze so penibel untersuchst, aber hey, safety first!

3 Wirf auch einen Blick auf die Wurzeln. Wenn möglich, nimm die
Pflanze aus dem Topf und schau dir alles genau an. Sollten die
Wurzeln nicht mehr frisch, eher braun und matschig aussehen,
kannst du von Wurzelfäule ausgehen. Aber auch bei braunen
oder gelben Stellen auf den Blättern sollten die Alarmglocken
angehen.

4 Die optimale Einkaufszeit ist von Frühling bis Herbst.
Solltest du aber in kalten Wintertagen einen grünen Freund
sehen, der auf deiner Wunschliste steht und der fit wie ein
Turnschuh ist, nimm ihn mit. Denk aber daran, ihn vor dem
Transport dick und warm einzupacken. Sollte dein kleiner
Freund Anzeichen von Erfrierungen aufzeigen, musst du alles,
was betroffen ist, radikal bis zum Ansatz abschneiden.

5 Zu Hause angekommen wird dein kleiner grüner Freund ausge-
packt und gegebenenfalls umgetopft. Geselle deine neue Pflanze
nicht direkt zu den anderen, sondern erst einmal für ein paar
Tage in Quarantäne. Ich verfrachte alle Neuen erst mal ins
Badezimmer. Danach dürfen sie dann zu ihren Kollegen.

TO DO:

MONTAG

DIENSTAG

MITTWOCH

DONNERSTAG

NOTIZEN

FREITAG

SAMSTAG

SONNTAG

EINSTEIGERPFLANZEN

Du hast keinen grünen Daumen, möchtest dein Zuhause aber dennoch in einen kleinen Dschungel verwandeln? Hier sind ein paar grüne Freunde für alle, die noch keine große Erfahrung haben:

DIE GRÜNLILIE

Die Grünlilie ist ein super pflegeleichter grüner Freund. Du brauchst sie nicht zu betüddeln, mäßiges Gießen und ein heller Standort reichen vollkommen aus. Mit Temperaturschwankungen kommt sie auch super klar, sei es kalt oder warm, sie wächst und gedeiht und trägt zur Luftreinigung in deiner Bude bei. Außerdem ist sie die perfekte Hängepflanze.

DIE EFEUTUTE

Einer meiner liebsten grünen Freunde ist die Efeutute. Sie war auch meine erste Pflanze, die ich von einer älteren Nachbarin vererbt bekommen habe. Ich muss zugeben, ich hatte keinen besonders ausgeprägten grünen Daumen, aber sie hat überlebt. Und lebt seit mittlerweile sechs Jahren bei mir. Eine meiner liebsten Efeututen sind die Neon und die gefleckte Efeutute. Durch ein Nach-innen-rollen der Blätter zeigt sie dir, wann sie Wasser benötigt. Die Efeutute kommt mit wenig Licht gut klar. Wenn du Haustiere, wie eine Katze oder einen Hund hast, platziere sie außer Reichweite, da sie leider nicht tierfreundlich ist. Solltest du sie mal vergessen, ist sie die Letzte, die dir das übelnimmt.

DAS ZEBRAKRAUT

Diesen grünen Freund darf ich zu einem meiner längsten Wegbegleiter zählen. Das Zebrakraut ist nicht nur für einen Appel und ein Ei in jedem Gartencenter zu ergattern, sondern eignet sich auch perfekt für alle, die keinen ausgeprägten grünen Daumen haben. Ich muss gestehen, ich beachte es kaum. Ich gieße diesen Freund, wenn sich die Substratoberfläche trocken anfühlt, und platziere ihn an einem hellen Standort. Im Frühjahr/Sommer mag das Zebrakraut es gerne, wenn du es leicht besprühst. Es dient super als Hängepflanze oder macht sich auch super in einer Blumenampel.

Auf Seite 23 findest du noch weitere Einsteiger-Freunde.

TO DO:

MONTAG

DIENSTAG

MITTWOCH

DONNERSTAG

NOTIZEN

FREITAG

SAMSTAG

SONNTAG

PFLEGEFEHLER RUND UMS WASSER

1   ZU VIEL WASSER

Achtung: Schwingst du deine Gießkanne zu oft, entsteht
Staunässe, die Wurzeln faulen und nehmen kein neues
Wasser mehr auf. Pilze fühlen sich in feuchter Umgebung
pudelwohl und auch Blattflecken können sich entwickeln
(siehe S. 129). Du solltest daher stets darauf achten, das überschüssige Wasser im Pflanzenübertopf und
im Untersetzer abzugießen. Achte auch darauf, dass die
Pflanzentöpfe Abzugslöcher aufweisen. Beim Einpflanzen in
einen Topf ohne Löcher (nicht ideal) kannst du den Boden
zuerst mit feinem Kies und etwas Aktivkohle befüllen,
bevor du das eigentliche Substrat hineingibst.

2   ZU WENIG WASSER

Wenn das Substrat deines grünen Freundes zu
trocken ist, fangen seine Blätter an zu welken, verfärben sich gelb und verschrumpeln,
die Blattspitzen werden knusprig und die Blütenknospen fallen ab. Natürlich erholt sich
deine Pflanze nach dem Wässern schnell, gießt du
dann zu stark, ist die Gefahr allerdings groß,
dass Staunässe entsteht. Solltest du über län-
gere Zeit vergessen haben zu gießen und der
Wurzelballen ist komplett ausgetrocknet, ist
es daher empfehlenswert, dass du ihn von unten
wässerst.

3   DAS RICHTIGE WASSER

Unser Trinkwasser aus dem Wasserhahn enthält eine Mischung aus Salzen
und Mineralien, die Gesundheit und Wachstum deiner Pflanzen negativ
beeinträchtigen können. Daher ist Regenwasser das Nonplusultra-Gieß-
wasser. Aber nicht jeder von uns hat die Möglichkeit, easy eine Regen-
tonne aufzustellen. Sollte es allerdings mal wieder grau und trüb sein
und nonstop regnen, kannst du deinen Pflanzen eine Regendusche gönnen.
Wenn du ohne Balkon lebst, gestaltet sich natürlich selbst das etwas
schwierig. Aber keine Sorge, du kannst einfach eine große Gießkanne
mit Wasser aus dem Hahn befüllen und einen Tag stehen lassen. Das Coole
daran ist, dass sich die unbeliebten Stoffe auflösen. Was bleibt, ist
perfektes Gießwasser, welches auch noch Zimmertemperatur hat.

TO DO:

MONTAG

DIENSTAG

MITTWOCH

DONNERSTAG

NOTIZEN

FREITAG

SAMSTAG

SONNTAG

EINSTEIGERPFLANZEN

DIE GLÜCKSFEDER (ZAMIOCULCAS)

Solltest du einen richtig tiefschwarzen Daumen haben,
dann ist die Glücksfeder die perfekte Einsteigerpflanze
für dich. Sie eignet sich wunderbar für dunkle Räume und
hey, Wasser braucht sie auch nicht viel. Sie ist eine
Kämpferin und glaub mir, richtig zäh. Es reicht sogar
aus, wenn du sie nur einmal im Monat mit Wasser versorgst
und das noch nicht mal viel, denn Staunässe kann sie
nicht leiden. Solltest du also bereits den ein oder anderen grünen Freund auf dem Gewissen haben, glaub mir, die
Glücksfeder wird dir lange erhalten bleiben. Platziere
sie aber lieber außerhalb der Reichweite deiner felligen
Mitbewohner, denn sie ist nicht zum Anknabbern geeignet.

DER BOGENHANF

Du hast nicht viel Platz in deiner Bude, möchtest dir aber
einen grünen Freund zulegen? Dann ist der Bogenhanf die
perfekte Pflanze für dich. Er ist so pflegeleicht wie ein
Kaktus, sodass du ihn kaum beachten musst. Um die Lichtverhältnisse brauchst du dir auch keine Sorgen zu machen,
er chillt auch gerne mal in dunkleren Ecken. Pass aber
auf, dass dein geliebtes Haustier ihn nicht anknabbert,
das mag er überhaupt nicht und hat entsprechende Waffen,
die deinem felligen Mitbewohner nicht gut tun könnten.

DER GUMMIBAUM

Oder auch Ficus Elastica genannt, gehört zu den anspruchs-
losesten grünen Pflanzen überhaupt. Hey, er nimmt es dir
auch nicht übel, wenn du ihn im Alltagsstress mal vergisst, alles easy. Das Einzige, was er bevorzugt, ist
helles und indirektes Licht und einmal die Woche bräuchte
er etwas Wasser. Vor allem der Gummibaum Lemon Lime ist
ein hübsches Kerlchen. Aber Achtung, er legt sehr großen
Wert auf hellere Lichtverhältnisse.

TO DO:

MONTAG

DIENSTAG

MITTWOCH

DONNERSTAG

NOTIZEN

FREITAG

SAMSTAG

SONNTAG

DAS IDEALE PFLANZENGEFÄSS

Nach dem Kauf deiner Pflanze solltest du sie schnellstmöglich von ihrem alten Kunststofftopf befreien und in frisches Substrat setzen. Denn in den meisten Fällen ist das alte Substrat nicht mehr sehr nährstoffreich.

Ein guter Topf ist für eine Pflanze ebenso wichtig wie das kostbare Wasser. Unabhängig davon, ob du deinen grünen Freund von Beginn an selbst aufziehst oder ihn in einem Gartencenter kaufst, deine Pflanze möchte im wahrsten Sinne des Wortes früher oder später einmal richtig groß rauskommen. Und dabei solltest du ihr natürlich nicht im Weg stehen.

Der ideale Topf sollte im Durchmesser ein paar Zentimeter größer sein als der Wurzelballen deiner Pflanze. Ein zu kleiner Pflanzentopf, in dem die Wurzeln keinen Platz haben, kann deiner Pflanze ebenso schaden wie ein zu großer, der das Risiko für Staunässe erhöht. Zusätzlich kann es passieren, dass sich deine Pflanze in einem großen Topf zwar super entwickelt, später aber kaum oder vielleicht sogar gar nicht blüht. Denn manche Pflanzen stecken in einem großen Topf zu viel Energie in das Wurzelwachstum - und keine in die Blüten.

Bei der Form des Topfes sind die meisten Pflanzen sehr anspruchslos, eigentlich ist es ihnen sogar egal, da sie sich ihrem auserwählten Zuhause anpassen. Wenn du dich allerdings für eine bestimmte Topfform entschieden hast, solltet du beim Umtopfen darauf achten, genau diese Form beizubehalten.

Außerdem solltest du immer darauf achten, dass überschüssiges Wasser abfließen kann. Abzugslöcher im Boden oder eine kleine Erhöhung im Pflanzengefäß, auf die du deinen grünen Freund stellen kannst, sind ratsam.

Aus welchen Materialien die Töpfe bestehen können, liest du auf Seite 33.

diy KREATIVPROJEKT

MAKRAMEE-AMPEL

Ich muss zugeben, dass ich ein großer Fan von Makramee-Ampeln bin, da sie sich zum einen super eignen, deinen felligen Mitbewohner vor grünen Freunden zu schützen, die ihm nicht gut tun, und zum anderen auch noch unglaublich dekorativ sind. Ich bin kein geduldiger Mensch und wenn ich etwas selber zaubere, ist es mir wichtig, dass ich so schnell wie möglich ein Ergebnis sehe. Daher möchte ich dir zeigen, wie du mit ein bisschen Übung easy in knapp zehn Minuten eine Makramee-Ampel knüpfen kannst.

DU BENÖTIGST:

- einen Topf mit einem Durchmesser von ca. 15 cm
- einen Holzring
- eine Schere
- ein Maßband bzw. Lineal
- einen S-Haken
- Makramee-Garn, welches nicht länger wird, wenn du dran ziehst

Im ersten Schritt schneidest du
vier ca. 2,20 m lange und zwei
ca. 40 cm lange Schnüre zurecht.
Sollten die Schnüre nicht gleich
lang sein, kein Ding.

Am besten verhakst du den S-Haken an
deinem Tisch und hängst den Holzring
dran auf. Nun ziehst du die vier länge-
ren Schnüre durch den Holzring, sodass
alle Enden ungefähr gleich lang sind.

Im nächsten Schritt nimmst
du dir eine der kürzeren
Schnüre zur Hand.

Du legst diese Schnur als
Schlinge gefaltet auf die
vorderen durch den Holzring
gezogenen Schnüre.

Das kurze Ende hängt
über dem Holzring und
das lange Ende ziehst du
unter die hinteren
Schnüre.

Das lange Ende, welches du im vorherigen Schritt
unter die durch den Holzring gezogenen Schnüre gelegt
hast, wickelst du nun so oft um die langen Schnüre,
dass du das Ende noch easy durch die Schlaufe legen
kannst.

Lege das Ende durch die Schlaufe und ziehe die
Schlinge am oberen Ende so zu, dass das untere
Ende komplett in den sogenannten Windungen ver-
schwindet. Nun kannst du beide Enden knapp über
der Windung abschneiden und nach innen schieben.
Dieser Knoten nennt sich übrigens Windeknoten.

Die ersten Knoten sollten ca. 30 cm
unterhalb des Windeknoten geknotet
werden. Nun kannst du jeweils die
nebeneinanderliegenden Schnüre mit
einem Überhandknoten verknoten.

Achte hier darauf,
dass die Knoten auf
der gleichen Höhe
sind.

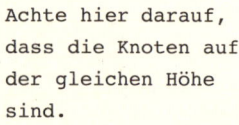

Jetzt misst du weitere 20 cm unterhalb deiner ersten Knoten, nimmst
je eine benachbarte Schnur und verknotest diese wieder mit dem Überhandknoten. Wichtig: Wenn du die zwei
äußeren Schnüre verknotest, solltest
du die anderen mittig liegenden Knoten nach oben legen. Diesen Vorgang
wiederholst du ein weiteres Mal mit
neuen benachbarten Schnüren.

Im letzten Schritt raffst du die Schnüre
ca. 15 cm unterhalb der letzten Knoten
zusammen und bindest mit der zweiten
kürzeren Schnur wie in Bild 1 beschrieben
einen Windeknoten. Achte hier darauf, dass
du ihn so fest wie möglich bindest, da er
später den Topf inklusive Pflanze tragen muss.
Dann alle Schnüre auf eine gleiche Länge
schneiden und fertig ist die Makramee-Ampel.

M	D	M	D	F

_S_   _S_

THEMEN:

- Pflanzengefäße
- Haustierfreundliche Pflanzen
- Wurzelfäule
- Erde

MONATSZIEL:

MONATS—TO—DO:

TRACKER:

1	2	3	4	5	6	7	8	9	10	11	12	13	14	15	16
17	18	19	20	21	22	23	24	25	26	27	28	29	30	31	

TRACKER:

1	2	3	4	5	6	7	8	9	10	11	12	13	14	15	16
17	18	19	20	21	22	23	24	25	26	27	28	29	30	31	

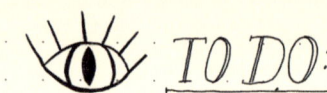 TO DO:

MONTAG

DIENSTAG

MITTWOCH

DONNERSTAG

NOTIZEN

FREITAG

SAMSTAG

SONNTAG

DAS RICHTIGE MATERIAL
FÜR DEN PFLANZENTOPF

FACETTENREICHE KERAMIK

Keramiktöpfe sind absolute Allrounder.
Sie sind sehr haltbar und stabil und,
wenn sie lackiert sind, komplett was-
serdicht und gut zu reinigen. Klassi-
sche, unlackierte Ton- und Terrakotta-
Töpfe hingegen sind porös und nehmen
eurer Pflanze daher Wasser weg. Das
hat zur Folge, dass du deinen grünen
Freund öfter gießen musst.

EDLE GEHÄUSE

Immer beliebter werden Pflanzentöpfe aus Guss-
eisen, Stahl oder Aluminium. Doch Vorsicht:
Metallische Materialien können sich unter Umständen bei Sonneneinstrahlung extrem erhitzen
und deiner Pflanze dann schaden. Beim Um- und
Eintopfen solltest du bei diesen Materialien
darauf achten, eine Art Innenhülle zu befestigen. Edelstahl-Gefäße geben nämlich Metall-
ionen ab, die mitunter schädlich für deine
Pflanzen sind.

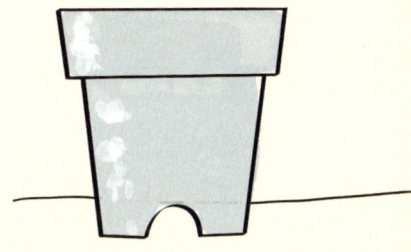

NATUROPTIK

Blumenkübel aus Holz sind durch ihre natürliche Optik sehr beliebt und bringen
einen rustikalen Charme in dein Zuhause. Es ist allerdings sehr wichtig, darauf zu achten, dass das Holz imprägniert
ist. Zudem empfehle ich dir, den In-
nenraum des Topfes mit einer Plastikfo-
lie oder einem anderen undurchlässigen
Material auszukleiden. Dadurch dringt
kein Wasser nach außen und das Holz ist
vor Feuchtigkeit, Fäulnis und Schimmel
geschützt.

TO DO:

MONTAG

DIENSTAG

MITTWOCH

DONNERSTAG

NOTIZEN

FREITAG

SAMSTAG

SONNTAG

Dein felliger Mitbewohner liebt es, alles anzuknabbern, was bei drei nicht auf dem Baum ist? Dann sind natürlich auch deine grünen Freunde nicht sicher vor der kleinen Raupe Nimmersatt. Aber pass auf: Nicht alle Pflanzen tun ihm gut. Du kannst sie aber in Pflanzenregalen oder in der altbekannten Blumenampel so verstauen, dass er nicht rankommt. Noch besser ist es natürlich, schon beim Kauf darauf zu achten, dass dein neuer grüner Freund auch nett zu seinem felligen Mitbewohner ist. Hier und auf S. 37 verrate ich dir, welche das sind.

VERSCHIEDEN CALATHEA—ARTEN (AUCH KORBMARANTEN GENANNT)

Aiaiai, von denen gibt es ganz schön viele Exemplare, die alle nicht nur ungiftig für unsere Fellnasen sind, sondern auch wirklich zauberhaft aussehen.

Aber Vorsicht: Korbmaranten können ganz schön rumzicken! Ich habe auch schon den einen oder anderen Kampf verloren. Aber nicht alle von ihnen sind Diven. Die Calathea Lancifolia oder die Calathea Triostar sind super pflegeleicht, solange du darauf achtest, ihr Substrat stets feucht zu halten. Aber bitte das Gießen nicht übertreiben! Sie mögen es auch total gern, wenn man ihre bunten Blätter täglich mit einem Hauch Wasser besprüht.

Die bunte Pfeilwurz (Maranta Leuconeura Fascinato) oder die Pfeilwurz Kerchovean sind auch richtige Schönheiten, deren Pflege nicht allzu anspruchsvoll ist. Achte darauf, dass du diese grünen Freunde im Winter fern von der Heizung hältst, da die Gefahr sehr groß ist, dass fiese Spinnmilben ihr neues Zuhause auf deinem Freund finden.

DIE GRÜNLILIE

Na, da habe ich sie gerade noch bei den Einsteigerpflanzen beschrieben (siehe S. 19), und schwuppdiwupp taucht sie hier direkt wieder auf. Sie ist nicht nur perfekt für Pflanzenfüchse, die noch keinen ausgeprägten grünen Daumen haben, sondern auch für fellige Mitbewohner, die versuchen, an ihr zu knabbern.

TO DO:

MONTAG

DIENSTAG

MITTWOCH

DONNERSTAG

NOTIZEN

FREITAG

SAMSTAG

SONNTAG

HAUSTIERFREUNDLICHE ZIMMERPFLANZEN

DIE FITTONIA

Eine Fittonia, auch Mosaikpflanze genannt, war einer meiner ersten grünen Freunde. Sie zeigt euch ganz genau, wann sie mal wieder ein bisschen
Wasser vertragen kann. Dann lässt sie
nämlich all ihre Blätter nach unten
hängen und ist quasi platt wie eine
Flunder. Ein Schluck Wasser hilft
meist, und wenige Stunden später sieht
sie wieder aus wie neu. Die Fittonia
mag es sehr, wenn sie an einem hellen
Standort steht und Staunässe kann sie
nicht ab, also checkt immer schön euren Unterteller.

ZEBRAKRAUT

Eine Hängepflanze, die pflegeleicht und
gleichzeitig haustierfreundlich ist,
klingt doch wirklich perfekt, oder?
Das Zebrakraut ist genau das: Man
braucht es nicht sonderlich zu beachten - also zumindest schenke ich ihm
nicht viel Aufmerksamkeit - und trotzdem wächst und gedeiht es. Ein heller
Standort und Wässern bei getrockneter
Substratoberfläche reichen völlig aus
- easypeasy!

KAKTEEN

Wenn du eher ein Kakteenfuchs bist,
dann brauchst du dir um deine Fellnasen keine Sorgen zu machen. Nur von
den Blüten würde ich sie fernhalten.
Und Kakteen sind zwar nicht giftig,
können jedoch mit ihren brutalen Stacheln wirklich gemein sein und deinen
felligen Mitbewohner ganz schön fies
verletzen. Also auch hier ist Vorsicht geboten.

PALMEN

Nicht jede Palme ist direkt ungiftig,
aber einige. Die Kentia-Palme z.B. ist
komplett ungefährlich für deine Fell-
nase. Sie ist außerdem perfekt für
dunklere Räume geeignet und ziemlich
pflegeleicht. Damit eignet sie sich
auch super, wenn du deinen grünen Daumen gerade erst entdeckst. Auch die
Goldfruchtpalme ist ungefährlich und
gehört dazu noch zu den besten Luftreinigern. Und das Gießen ist auch
ganz easy: Du musst einfach nur warten
bis die komplette Substratoberfläche
staubtrocken ist, dann kannst du die
Gießkanne schwingen. Sie mag es übrigens auch ganz gern, wenn du sie im
Frühjahr und Sommer ein bisschen mit
Wasser besprühst.

TO DO:

MONTAG

DIENSTAG

MITTWOCH

DONNERSTAG

NOTIZEN

FREITAG

SAMSTAG

SONNTAG

WURZELFÄULE

WENN DEIN GRÜNER FREUND SCHWARZE BEINE BEKOMMT

Die Blätter deines grünen Freundes fangen an zu welken und vertrocknen? Das kann natürlich ein Anzeichen dafür sein, dass du die Gießkanne mal wieder schwingen musst. Leider kann es aber auch bedeuten, dass die Wurzeln deiner Pflanze vor sich hin faulen und sie langsam aber bitter stirbt. Alle grünen Freunde können von Wurzelfäule betroffen sein. Das Schlimme ist, dass es erst auffällt, wenn die Fäule schon im vollen Gange ist. Befallen sind häufig der Wurzelhals oder das ganze Wurzelsystem - was übrigbleibt, ist eine weiche, faulige Masse.

Sollte dein grüner Freund unter Wurzelfäule leiden, dann musst du schnell handeln! Am besten befreist du ihn von seinem alten Substrat und entfernst alle abgefaulten, braunen Wurzeln. Danach kannst du die gesunden Wurzeln mit Zimt desinfizieren und ein bisschen antrocknen lassen, je nachdem wie dick und lang sie sind. Dann ab ins Wasser oder Moos, damit dein grüner Freund neue Wurzeln bilden kann. Nach ein paar Wochen kannst du ihn dann ohne Probleme in sein neues Zuhause einpflanzen.

Wie können wir der Fäule vorbeugen?
Die häufigste Ursache für Wurzelfäule ist zu viel Gießen. Vielleicht hast du deinen grünen Freund mal vergessen und dachtest dir: Jetzt ordentlich Wasser, damit es ihm ruckzuck bessergeht. So entsteht aber leider Staunässe, deine Pflanze bekommt nasse Füße und Bakterien und Pilze besiedeln die Wurzeln.

Da sind wir wieder bei dem Thema: Weniger ist mehr! Achtet auf euer Gießverhalten (siehe S. 77)! Zu viel Feuchtigkeit tut eurem grünen Freund nicht gut. Haltet den Boden außerdem locker und gut belüftet. Je fester und feuchter die Pflanzenerde ist, desto mehr steigt die Gefahr einer Wurzelfäule.
Vorsicht auch bei dekorativen Übertöpfen. So zauberhaft sie auch aussehen, man kann seine Pflanze durch sie schnell mal ertränken, weil man übersieht, dass noch Wasser im Topf steht.

TO DO:

MONTAG

DIENSTAG

MITTWOCH

DONNERSTAG

NOTIZEN

FREITAG

SAMSTAG

SONNTAG

ERDE

Erde ist sehr wichtig für das Wachstum deines grünen Freundes. Sie kann nicht nur Wasser und Nährstoffe speichern, sondern fungiert auch noch als Drainage, um die Wurzeln vor zu viel Flüssigkeit zu schützen. Die Luftzirkulation, die in der Erde stattfindet, trägt außerdem dazu bei, die Wurzeln mit genügend Sauerstoff zu versorgen.

Aber Vorsicht: Erde ist nicht gleich Erde. Bei der Pflanzenerde, die du kaufen kannst, handelt es sich in den meisten Fällen um eine mit Dünger angereicherte Mischung aus organischen und anorganischen Bestandteilen.

Auch der pH-Wert der Erde ist sehr bedeutsam für das Wachstum deines grünen Freundes. Er verrät dir auf einer Skala von 0 bis 14, wie sauer bzw. basisch die Erde ist.

Nicht jede Pflanze allerdings mag jede Erde. Wenn du z.B. einem Farn oder einer Begonie ein neues Zuhause schenken möchtest, solltest du darauf achten, dass das Substrat einen hohen Torfanteil aufweist. Er trägt unter anderem dazu bei, dass das Wasser in der Erde gut gespeichert wird. Kakteen und Sukkulenten dagegen bevorzugen ein eher trockenes Substrat mit einem hohen Sandanteil. Da diese grünen Freunde selbst Profis im Wasserspeichern sind, benötigen sie kein Substrat, das zusätzlich noch Wasser speichert.

Welches Substrat dein grüner Freund bevorzugt, solltest du vor dem ersten Umtopfen abchecken. Welche Bestandteile in der Erde was bewirken und wie du deine Erde aufpeppen kannst, erkläre ich dir auf Seite 53.

Interior-Inspiration: die Küche

Meine Katzen Gisela und Mascha fühlen sich in der Küche pudelwohl.

MEIN MONAT

M	D	M	D	F

_S_   _S_

THEMEN:

- Balkonbepflanzung
- Spinnmilben
- Pflanzen für dunkle Räume

MONATSZIEL:

MONATS-TO-DO:

TRACKER:

1	2	3	4	5	6	7	8	9	10	11	12	13	14	15	16
17	18	19	20	21	22	23	24	25	26	27	28	29	30	31	

TRACKER:

1	2	3	4	5	6	7	8	9	10	11	12	13	14	15	16
17	18	19	20	21	22	23	24	25	26	27	28	29	30	31	

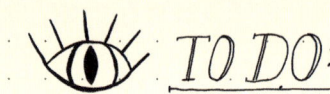

TO DO:

MONTAG

DIENSTAG

MITTWOCH

DONNERSTAG

NOTIZEN

FREITAG

SAMSTAG

SONNTAG

BALKONBEPFLANZUNG

Wenn du deinen Balkon auch in einen kleinen Dschungel verwandeln möchtest, solltest du lieber abwarten, bis die Eisheiligen, die jedes Jahr vom 11. bis zum 15. Mai stattfinden, vorbei sind. Sonst ist die Gefahr zu groß, dass einer deiner grünen Freunde einen Kälteschock erleidet. Bei der Bepflanzung deines Balkons ist wichtig zu beachten, in welche Himmelsrichtung dieser zeigt. Es wäre doch fatal, wenn du ihn richtig zauberhaft aufhübschst und deine Pflanzen alle verbrennen, da sie nicht auf die pralle Mittagssonne klarkommen.

Welche grüne Freunde vertragen einen Südbalkon?

Hier gilt die Regel: Alle Pflanzen, die eher in heißeren Regionen zu Hause sind, fühlen sich total wohl auf deinem Südseiten-Balkon. Da kommt direkt der robuste Lavendel ins Spiel. Solange es nicht brütend heiß ist, macht es ihm nichts aus, wenn er mal ein oder zwei Tage im Sommer nicht gegossen wird. Ich bin ein großer Fan von Lavendel, da er total unkompliziert und dazu noch ungiftig für fellige Mitbewohner ist. Auch einige Kräuterarten wie z.B. Rosmarin, Thymian, Salbei und Oregano mögen es, wenn es schön sonnig ist. Hier solltest du vorher checken, welche Kräuter für deinen tierischen Freund ungefährlich sind. Bei Rosmarin brauchst du dir allerdings keine Sorgen machen – der ist für alle Tiere ungiftig.

Wenn du es eher blumig magst, kannst du deinen Balkon mit Geranien oder Petunien bepflanzen. Aber Achtung: Beide können für Tiere giftig sein. Husarenknöpfchen, Strohblumen und Margeriten hingegen lassen sich nicht nur gerne von der prallen Sonne verwöhnen, sie tun deinem felligen Mitbewohner auch nichts Schlechtes.

Du kannst übrigens auch deinen stacheligen grünen Freunden, den Kakteen, im Sommer auf deinem Balkon einen neuen Platz anbieten. Hier solltest du aber unbedingt daran denken, dass du sie, sobald die Temperaturen sinken, wieder in deine warme Wohnung bringst.

Hast du einen Ost-, West- oder Nordbalkon, schau mal auf Seite 49.

TO DO:

MONTAG

DIENSTAG

MITTWOCH

DONNERSTAG

NOTIZEN

FREITAG

SAMSTAG

SONNTAG

BALKONBEPFLANZUNG

Ost- bzw. Westbalkon

Wenn du einen Balkon hast, der sich zur
Ost- bzw. Westseite richtet, gibt es dort
mal Sonne und mal Schatten. Auf dem Ost-
balkon kannst du morgens deinen ersten
Kaffee genüsslich in der Sonne genießen
und vom Westbalkon aus den Sonnenunter-
gang bei einem Kaltgetränk bewundern.
Um ihn zu begrünen, solltest du dich für
Pflanzen entscheiden, die den Halbschatten bevorzugen. Deinen kleinen Kräuter-
garten kannst du hier ohne Probleme z.B.
mit Salbei, Minze, Melisse, Oregano,
Zitronenmelisse, Schnittlauch oder Bär-
lauch bestücken. Falls du einen felligen
Mitbewohner hast, checke bitte vorher,
ob er die Kräuter verträgt.

Natürlich musst du auch hier nicht
auf die grünen Freunde mit einer schönen
Blütenpracht verzichten. Hier kannst du deinen Balkon z.B. mit Margeriten,
Dahlien, Blaues Gänseblümchen, Schneeflockenblume und Hibiskus verschönern,
die alle für deinen Fellfreund unbedenklich sind. Auch Geranien mögen den
Halbschatten, hier musst du als Tierbesitzer allerdings checken, ob sie für
deinen Mitbewohner giftig sind.

Der schattige Nordbalkon

Auch wenn ein Balkon sehr schattig ist, heißt das nicht, dass er kahl
bleiben muss. Auch hier kannst du dich austoben, denn nicht jeder deiner
grünen Freunde benötigt Sonne, um sich wohl zu fühlen. Kräuter wie Bär-
lauch, Petersilie, Schnittlauch, Dill, Minze und Melisse kommen super klar
auf deinem schattigen Balkon. Und auch blumig darf es sein. Hortensien,
Männertreu, Waldglockenblumen und Ballonblumen erstrahlen in ihrer
vollen Pracht und bringen etwas Farbe auf deinen Balkon. Aber
Vorsicht: Sie sind alle giftig für Fellnasen. Wenn du trotzdem
nicht auf die Blütenpracht verzichten möchtest, kannst du Pflanzenampeln bepflanzen oder ein Gitter an der Wand befestigen,
an das du kleine Töpfe mit den bunten Balkonblumen hängst.
So sind die Pflanzen vor deinem felligen Mitbewohner sicher –
und er vor ihnen.

TO DO:

MONTAG

DIENSTAG

MITTWOCH

DONNERSTAG

NOTIZEN

FREITAG

SAMSTAG

SONNTAG

SPINNMILBEN

Die Blätter deines grünen Freundes verfärben sich leicht oder du entdeckst viele kleine Punkte und sogar kleine Spinnfäden? Ganz klar, deine Pflanze hat ungebetene Gäste und zwar die äußerst hartnäckige Spinnmilbe.

Spinnmilben sind etwa 0,25 bzw. 0,8 Millimeter groß, du kannst sie ohne Lupe praktisch kaum erkennen. Sie lieben es, wenn es richtig muckelig warm und die Luft staubtrocken ist. Die kleinen Biester saugen deiner Pflanze den Saft aus und bringen somit die Blätter zum Absterben.

Ich muss zugeben, dass die kleinen Milben auch mir schon zum Verhängnis geworden ist. Aber keine Sorge, ich konnte natürlich auch einige Pflanzen erfolgreich retten.

UND DAS GEHT SO:

Solltest du die ungebetenen Gäste früh genug erkennen, entferne alle verfärbten Blätter und dann ab unter die Dusche mit deinem grünen Freund. Du solltest zwei- bis dreimal die Woche alle Blätter penibel abwaschen und dann ab in Quarantäne. Ich habe meine kleineren Pflanzen für ca. 14 Tage in einer Mülltüte verpackt. Dadurch erhöhst du die Luftfeuchtigkeit enorm. Die kleinen Milben kommen darauf überhaupt nicht klar und sterben. Tägliches Lüften von ca. 15 Minuten sollte aber auf jeden Fall sein. Achte drauf, dass dein kleiner grüner Freund im Winter nicht an der Heizung steht und besprühe ihn regelmäßig, um durch die erhöhte Luftfeuchtigkeit das Befallrisiko zu senken. Darüber hinaus kannst du natürliche Helfer wie z.B. Raubmilben einsetzen. Sie fressen die ungebetenen Gäste nicht nur auf, sondern bilden auch einen natürlichen Schutzschild gegen erneuten Befall.

Du kannst es auch mit Rapsöl probieren. Einfach die Blätter damit besprühen. Die kleinen fiesen Milben ersticken bei Kontakt mit dem Öl. Schütze aber bitte den Topf mit einer Abdeckung, damit das Öl nicht ins Substrat gelangt.

Auch Neemöl kann weiterhelfen. Dank des Inhaltsstoffes Azadirachtin können sich die Milben nach der Aufnahme des Öls nicht mehr weiterentwickeln. Aber Achtung, wenn du schon kleine Raubmilben im Einsatz hast, du würdest auch diesen das Licht ausknipsen.

TO DO:

MONTAG

DIENSTAG

MITTWOCH

DONNERSTAG

NOTIZEN

FREITAG

SAMSTAG

SONNTAG

WAS IST IN MEINER ERDE?

TORF

Torf ist ein schwammartiges Material, das in Mooren gewonnen wird. Er hat nicht nur super Entwässerungseigenschaften, sondern kann zugleich auch noch Wasser speichern. Neben Sand ist er einer der Hauptbestandteil in Blumen- und Anzuchterde.

TORFMOOS

Torfmoos findest du in Spezialsubstraten, die z.B. für Orchideen oder fleischfressende Pflanzen geeignet sind. Du kannst ihn aber auch so kaufen. Wenn du ihn auf das Substrat legst, schafft er feuchtere Bedingungen. Ideal z.B. für deinen Farn.

SAND

Sand kann Wasser nicht gut speichern, wodurch die Erde schneller austrocknet. Seine hohe Durchlässigkeit dient zusätzlich der Entwässerung. Ideal für grüne Freunde, die es eher trocken mögen, wie Sukkulenten und Kakteen. Du kannst z.B. gewaschenen und sterilisierten feinkörnigen Gartensand unter ihr Substrat mischen. Achte aber bitte darauf, dass du keinen Bausand verwendest, da dieser einen zu hohen Kalkanteil aufweist.

VERMICULIT UND PERLIT

Vermiculit und Perlit sind anorganische Minerale, die für eine optimale Entwässerung und Belüftung der Erde sorgen und ihr zusätzlich dabei helfen, Wasser und wichtige Nährstoffe zu speichern. Beide können auch selbst Wasser speichern und deinem grünen Freund nach und nach zur Verfügung stellen.

AKTIVKOHLE

Aktivkohle hat die besondere Eigenschaft, die Erde durch die Senkung des pH-Wertes zu neutralisieren. Sobald die Aktivkohle eingesetzt wird, wird sie außerdem porös und speicherfähig. Die Kohle kann sogar easy unangenehme Gerüche aus der nassen Erde entfernen. Sie fördert zusätzlich die Entwässerung und wirkt bakterienhemmend.

TO DO:

MONTAG

DIENSTAG

MITTWOCH

DONNERSTAG

NOTIZEN

FREITAG

SAMSTAG

SONNTAG

PFLANZENARTEN FÜR DUNKLE RÄUME

Natürlich wünscht sich jeder von uns eine lichtdurchflutete Wohnung, in der alles super hell und schön ist. Leider kann man nicht alles haben. Allerdings muss dich deine dunkle Bude auch nicht davon abhalten, einen kleinen Dschungel daraus zu gestalten, da es genügend grüne Freunde gibt, die mit weniger Licht gut klarkommen und zugleich schön aussehen. Als Grundregel gilt: Jeder grüne Freund, der auch in seinem natürlichen Lebensraum unter großen Baumkronen lebt und mit wenig Licht klarkommen muss, darf bei dir einziehen. Auch ich habe einige dunkle Ecken in unserem bunten Zuhause und werde dir jetzt meine Lieblinge verraten, damit auch du dich mit einigen grünen Freunden ausstatten kannst.

Die Efeutute

Was soll ich sagen, sie ist einfach einer meiner liebsten grünen Freunde. Sie eignet sich nicht nur perfekt als Einsteigerpflanze - sie benötigt nicht viel Aufmerksamkeit, kaum Wasser und kommt sogar mit sehr wenig Licht klar -, sondern es gibt auch ganz zauberhafte Arten, wie z.B. die gefleckte Efeutute, die Efeutute Marbel Queen oder auch die Efeutute Neon.

Die Glücksfeder

Auch diesen Freund habe ich dir schon bei den Einsteigerpflanzen vorgestellt. Die Glücksfeder eignet sich super für dunklere Räume und kommt prima mit weniger Wasser klar. Also keine Angst, sie nimmt er dir nicht übel, wenn du sie mal in einer dunkleren Ecke deines Zimmers vergisst.

Das Einblatt

Auch das Einblatt braucht nicht viel Licht und das Schöne ist, es zeigt dir ganz genau, wenn es mal wieder Zeit für dich ist, die Gießkanne zu schwingen. Es lässt dann alle Blätter hängen. Ein bisschen Wasser reicht völlig aus, und die Blätterpracht stellt sich wieder auf. Sollten die Blattspitzen braun werden, hast du zu viel gegossen. Damit dich dieser grüner Freund auch mal mit einer Blüte beschenkt, sollte er allerdings an einem etwas helleren Standort stehen.

diy KREATIVPROJEKT

WÜSTENLANDSCHAFT

Du bist ein Fan von stacheligen
grünen Freunden und begrüßt es
sehr, dass du nur sehr selten mal
die Gießkanne schwingen musst? Dann
bietet es sich doch an, dass du dir
eine kleine Wüstenlandschaft zau-
berst. Sie eignet sich auch prima
als kleines Geschenk für einen deiner Liebsten, der noch keinen ausgeprägten grünen Daumen hat.

1

DU BENÖTIGST:

- natürlich Kakteen und auch Sukkulenten.
  Da kannst du dich nach Belieben austoben, verschiedene Größen, Strukturen
  und Formen
- ein relativ flaches Gefäß als Pflanzbasis
  (ich habe mich hier für die runde
  Variante entschieden)
- ein zweites flaches Gefäß,
  um die Pflanzen im Vorfeld zu bewässern
- Kakteenerde
- feiner Kies
- Aktivkohle
- Steine zum Dekorieren
- Handschuhe (die lege ich dir besonders
  ans Herz, da die Stacheln ganz schön
  unangenehm werden können)
- einen Pinsel

Im ersten Schritt solltest du deine kleinen grünen Freunde nochmal ordentlich mit Wasser versorgen. Dafür füllst du ein flaches Gefäß mit Wasser und stellst sie für ein paar Minuten hinein. Das hilft ihren Wurzeln, sich später im neuen Substrat perfekt einzuwurzeln.

In der Zeit, in der deine Kakteen oder Sukkulenten damit beschäftigt sind, nochmal eine ordentlich Portion Wasser aufzunehmen, kannst du dich um ihr neues Zuhause kümmern. Ich habe mich für ein Gefäß entschieden, dass keine Abzugslöcher hat. Besser wäre es natürlich anders, damit das überschüssige Wasser ablaufen und keine Staunässe entstehen kann. Wenn auch dein Gefäß kein Loch hat, befülle den Boden mit einer 3 bis 4 cm dicken Schicht feinem Kies und gebe 2 bis 3 TL Aktivkohle dazu. Das verhindert Staunässe und Pilzbefall.

Im nächsten Schritt solltest du checken, ob deine grünen Freunde auch alle einen Platz in deinem ausgewählten Gefäß finden. Positioniere sie nach deinem Geschmack und merke dir deine gewünschte Anordnung. Achte aber darauf, dass noch genügend Platz zwischen den einzelnen Pflanzen bleibt, damit sie prächtig wachsen können.

diy KREATIVPROJEKT

Jetzt kommen die Schutzhandschuhe zum Einsatz und deine Kleinen müssen ihr altes Zuhause verlassen. Befreie sie von ihrem alten Substrat und lockere vorsichtig ihre Wurzeln.

Nun kannst du dein Gefäß bis zum oberen Rand mit Kakteenerde befüllen.

Checke deine gewünschte Anordnung nochmal ab und pflanze einen grünen Freund nach dem anderen in sein neues Zuhause ein. Achte darauf, dass die einzelnen Löcher groß genug sind, dass die Wurzelballen hineinpassen. Die einzeln Lücken zwischen den Pflanzen kannst du mit einem kleinen Teelöffel sorgfältig mit Substrat füllen und leicht mit dem Löffel oder den Fingern festdrücken. Zur Verschönerung kannst du die Substratoberfläche mit kleinen Steinen dekorieren.

Damit am Ende alles schick aussieht, solltest du die Erdreste mit einem Pinsel von deinen stachligen grünen Freunde entfernen.

Pflegetipps:

Gieße das Substrat erst, wenn es vollständig ausgetrocknet ist. In der Regel bist du safe, wenn du die kleine Landschaft einmal im Monat wässerst. Aber auch hier ist Vorsicht geboten. Du solltest darauf achten, dass du nicht zu stark wässerst, um keine Staunässe zu verursachen. In den kälteren Monaten, also zwischen Oktober und März, brauchst du die Gießkanne gar nicht schwingen. Stelle die Landschaft vom Herbst bis zum Frühjahr an ein sonniges Plätzchen. Achte im Winter besonders darauf, dass die Kleinen keine Zugluft abbekommen. Sollte es im Sommer sehr heiß werden, bevorzugen sie einen etwas schattigeren Platz. Zögere nicht und ändere schnell ihren Standort.

M	D	M	D	F

S S

THEMEN:

- Dünger
- Wollläuse
- Insektenfreundliche Pflanzen

MONATSZIEL:

MONATS-TO-DO:

TRACKER:

1	2	3	4	5	6	7	8	9	10	11	12	13	14	15	16
17	18	19	20	21	22	23	24	25	26	27	28	29	30	31	

TRACKER:

1	2	3	4	5	6	7	8	9	10	11	12	13	14	15	16
17	18	19	20	21	22	23	24	25	26	27	28	29	30	31	

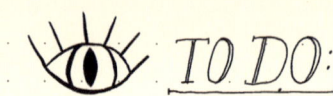 TO DO:

MONTAG

DIENSTAG

MITTWOCH

DONNERSTAG

NOTIZEN

FREITAG

SAMSTAG

SONNTAG

WELCHE DÜNGER GIBT ES?

FLÜSSIGDÜNGER

Kannst du super individuell dosieren, außerdem kommt der Dünger über das Gießwasser ganz einfach an die Wurzeln der Pflanze. Vorsicht bei Orchideen und Sukkulenten! Die benötigen eher geringe Nährstoffmengen und werden schnell überdüngt. Für sie, wie auch für Kakteen und fleischfressende Pflanzen, gibt es einen Spezialdünger mit einer besonderen Nährstoffformel.

DÜNGESTÄBCHEN

Werden in Wurzelnähe in das Substrat gesteckt und geben nach und nach die notwendigen Nährstoffe ab. Damit sie gut wirken können, sollte das Substrat im Topf gleichmäßig feucht gehalten werden. Ein Nachteil gegenüber dem Flüssigdünger ist, dass sie nicht in die Ecken des Substrats kommen. Durch Düngestäbchen mit Anti-Läuse-Behandlung kannst du easy zwei Fliegen mit einer Klappe schlagen. Auch Kombi-Düngestäbchen mit Fungizid sind äußerst effektiv, um einen Pilzbefall zu behandeln.

NPK- ODER VOLLDÜNGER

Enthält Stickstoff (Englisch **N**itrogen), **P**hosphor und **K**alium, die drei wichtigsten Nährstoffe für eure grünen Freunde. Stickstoff fördert das kräftige Wachstum, Phosphor ist für die Ausbildung des Wurzelwerkes und das Blütenwachstum zuständig und Kalium als dritter im Bunde stärkt die Widerstandskraft. Ein optimales NPK-Verhältnis ist 20:20:20. Die meisten NPK-Dünger enthalten noch eine Reihe an weiterer Nährstoffen wie Kalzium, Schwefel oder Magnesium, was eine intensivere Blattfarbe verleiht. In kleinen Mengen ist oft auch das Mineral Eisen enthalten. Es verhindert, dass Pflanzen vergilbte Blätter bekommen.

STICKSTOFF (N)
PHOSPHAT (P)
KALIUM (K)

Wer lieber zu organischen Düngern greifen möchte, kann mit Hausmitteln einiges zaubern, Tipps dazu auf Seite 65.

TO DO:

MONTAG

DIENSTAG

MITTWOCH

DONNERSTAG

NOTIZEN

FREITAG

SAMSTAG

SONNTAG

BIO-DÜNGER AUS EINFACHEN HAUSMITTELN

Im Gegensatz zu chemischen Varianten sind Bio-Dünger super für unsere Umwelt. Und du kannst sie easy im eigenen Haushalt finden. Hier meine Empfehlungen:

KOCHWASSER

Wenn du das nächste Mal Kartoffeln kochst, spar dir das Wasser auf. Mit ungesalzenem Kochwasser, auch von anderen Gemüsearten wie Brokkoli oder Spargel, kannst du deine Pflanzen einwandfrei stärken. Gleiches gilt für das Wasser vom Eierkochen. Es enthält wichtige Nährstoffe und Kalk. Aber Achtung: Du solltest vorher checken, ob deine Pflanze eine solche Kalkzufuhr cool findet. Wenn sie es mag, kannst du on top auch zerkleinerte Eierschalen in das Substrat geben.

ALTER KAFFEESATZ

Alter Kaffeesatz enthält Stickstoff, Kalium und Phosphat. Er gibt deiner Pflanze einen kleinen Boost zur Förderung ihres Wachstums und einen Push zur Blütenbildung. Für die Anwendung solltest du den Kaffeesud erst einmal trocknen lassen, um Schimmelbildung zu vermeiden.

VERWENDETE TEEBEUTEL

Du bist ein kleiner Teeliebhaber? Dann kannst du deinen verwendeten Teebeutel einfach ein paar Stunden in das Gießwasser hängen. Ideale Teesorten sind verschiedene Kräutertees oder Schwarzer und Grüner Tee, der ähnliche Stoffe enthält wie Kaffeesatz. Der Schwarze Tee senkt zusätzlich den pH-Wert. Perfekt für Pflanzen, die einen leicht sauren Boden bevorzugen, wie Orchideen oder Azaleen.

BIERRESTE

Die Bierreste der letzten Party kannst du ebenfalls ohne Bedenken unter das Gießwasser mischen. Bier enthält Nährstoffe und Kohlenhydrate, welche die Mikroorganismen im Pflanzboden aktivieren. Bierdünger können allerdings maximal zweimal pro Woche angewendet werden.

HOLZASCHE

Falls du zu den Glücklichen gehörst, die einen Kamin oder eine Feuertonne zuhause haben, bietet sich die entstandene Holzasche ebenfalls zum Düngen an. Die kalte Asche kann in kleinen Mengen über die Erde gestreut werden.

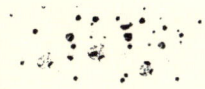

TO DO:

MONTAG

DIENSTAG

MITTWOCH

DONNERSTAG

NOTIZEN

FREITAG

SAMSTAG

SONNTAG

WOLLLÄUSE

Diese kleinen Läuse, die auch Schmierläuse genannt werden, kann man kaum übersehen. Ihre orange-rosafarbenen Eier sind ummantelt mit einem weißen Flaum, welcher quasi ein kleines Schutzschild darstellt. Wollläuse nisten sich gerne in den Blattachseln oder auf der Blattunterseite deines grünen Freundes ein. Sie saugen nicht nur den Saft deiner Pflanze aus, sie sondern auch einen klebrigen Honigtau ab, auf dem sich Schwärzepilze festsetzen können (siehe S. 183). Die Blätter deines grünen Freundes werden gelb und fallen nach und nach ab. Außerdem rufen sie Deformierungen der Blätter hervor. Auf was solltest du also achten, um diese ungebetenen Gäste schnell wieder loszuwerden?

Das Wichtigste ist, dass du einen neuen grünen Freund beim Kauf genau auf Schädlinge untersuchst. Oft nämlich holt man sich die ungebetenen Gäste vom Gartencenter in seine Bude.

Solltest du einen Befall feststellen, kannst du als erste Maßnahme die kleinen Tierchen mit einem feuchten Tuch oder mit einem Wattestäbchen entfernen. Dein grüner Freund muss auf jeden Fall von seinen anderen Freunden getrennt werden. Sollten sich schon einige der ungebetenen Gäste breitgemacht haben, kannst du mit paraffinölhaltigen Präparaten oder mit einer Schmierseifen-Spirituslösung arbeiten. Teste die Lösung aber bitte an einem kleinen Bereich deines grünen Freundes, um abzu-

checken, wie er auf die Mischung reagiert. Wichtig ist auch, dass du nur die befallenen Stellen behandelst. Ich würde dir auch empfehlen, die Mischung mit einem Wattestäbchen auf jede einzelne Wolllaus zu schmieren.

Dein kleiner grüner Freund ist so stark befallen, dass keiner meiner vorgenannten Tipps hilft? Dann solltest du Abschied von ihm nehmen. Damit verhinderst du, dass eine deiner weiteren Pflanzen angegriffen wird.

TO DO:

MONTAG

DIENSTAG

MITTWOCH

DONNERSTAG

NOTIZEN

FREITAG

SAMSTAG

SONNTAG

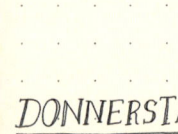
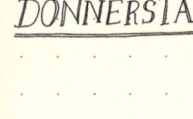

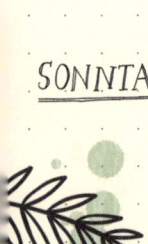

INSEKTENFREUNDLICHE PFLANZEN

Es wird langsam wärmer, und du hörst es überall summen: Die kleinen fleißigen Bienchen, Hummeln und anderen Wildnisinsekten sind auf der Suche nach schmackhaftem Nektar und Pollen. Das Schöne ist: Du musst nicht zwingend einen Balkon haben, um ihnen eine kleine bunte Wohlfühloase zu zaubern. Du kannst nämlich auch deine Fensterbank nutzen. Du solltest jedoch bei der Auswahl deiner Pflanzen auf folgende Regeln achten:

1.

Sortenvielfalt
Achte drauf, dass du verschiedene heimische Blumen pflanzt, um eine gute Auswahl an Nahrungsquellen zu bieten. Wildbienenarten sind sogar auf bestimmte Pflanzenarten spezialisiert und fokussieren nur diese bei ihrer Nahrungssuche. Je größer dein Pflanzenangebot ist, desto besser ist es für die Kleinen.

2.

Biete Mahlzeiten über einen langen Zeitraum
Wenn du Bienen dauerhaft Nahrung geben möchtest, musst du darauf achten, dass du ihnen früh-, mittel- und auch spätblühende Pflanzen zur Verfügung stellst. Um den Aufwand etwas zu verringern, kannst du deinen Blumenkasten von vorneherein füllen mit Kräutern, Stauden und Blumen, die vom Frühjahr bis in den späten Herbst blühen.

3.

Nicht jede Blüte, die zauberhaft riecht, schmeckt auch
Nur Pflanzen mit ungefüllten Blüten können den Hunger von Bienen stillen. Gefüllte Blumensorten wie z.B. Geranien, gezüchtete Dahlien oder Garten-Chrysanthemen sehen zwar hübsch aus und versprechen durch ihren Duft einen leckeren Schmaus, bieten aber fast keine Nahrung für Insekten.

Konkrete Hinweise, womit du deinen Balkon bepflanzen kannst, findest du auf Seite 71.

TO DO:

MONTAG

DIENSTAG

MITTWOCH

DONNERSTAG

NOTIZEN

FREITAG

SAMSTAG

SONNTAG

INSEKTENFREUNDLICHE PFLANZEN

Beim Start der Bepflanzung solltest du darauf achten, in welche Himmelsrichtung dein Balkon bzw. deine Fensterbank ausgerichtet ist.

INSEKTENFREUNDLICHE PFLANZEN FÜR DIE SÜDSEITE

Die kleinen, fleißigen Insekten fühlen sich regelrecht hingezogen zu den Blüten vom echten Salbei, Thymian, Bohnenkraut, wilden Majoran und Lavendel. Aber auch zu grünen Freunden mit prachtvollen Blüten wie z.B. Zinnien, Männertreu oder Australische Fächerblumen. Ein Mix aus bunten Wildblumen sieht nicht nur schön aus, sondern erfüllt auch alle wichtigen Kriterien (siehe Seite 69).

INSEKTENFREUNDLICHE PFLANZEN FÜR DIE OST- UND WESTSEITE

Hier lässt sich die Sonne entweder nur morgens oder nachmittags/abends blicken. Aber keine Sorge, die Kleinen finden auch hier die ein oder andere blühende Pflanze besonders schmackhaft. Sie lieben z.B. den leckeren Duft der nektarreichen Nachtviole oder der großen Sternmiere, die mit ihren sehr hellen Blüten ihre Aufmerksamkeit auf sich zieht. Aber auch hier kannst du easy ein paar Kräuter wie z.B. Lavendel und Thymian pflanzen (vergleiche S. 49).

Auch hier solltest du, wenn du einen felligen Mitbewohner hast, vorher abchecken, welche grünen Freunde nicht giftig sind.

Noch ein Wort zum Nordbalkon: Dieser ist aufgrund seines schattigen Daseins leider ein schwieriger Kandidat. Hast du einen, würde ich dir raten, die insektenfreundlichen Pflanzen auf eine Fensterbank zu pflanzen, die nach Süden, Osten oder Westen zeigt.

Interior-Inspiration: Bad

Feuchtigkeitsliebende Pflanzen fühlen sich im Bad pudelwohl. So wird deine Nasszelle easy zum kleinen Dschungel.

M	D	M	D	F

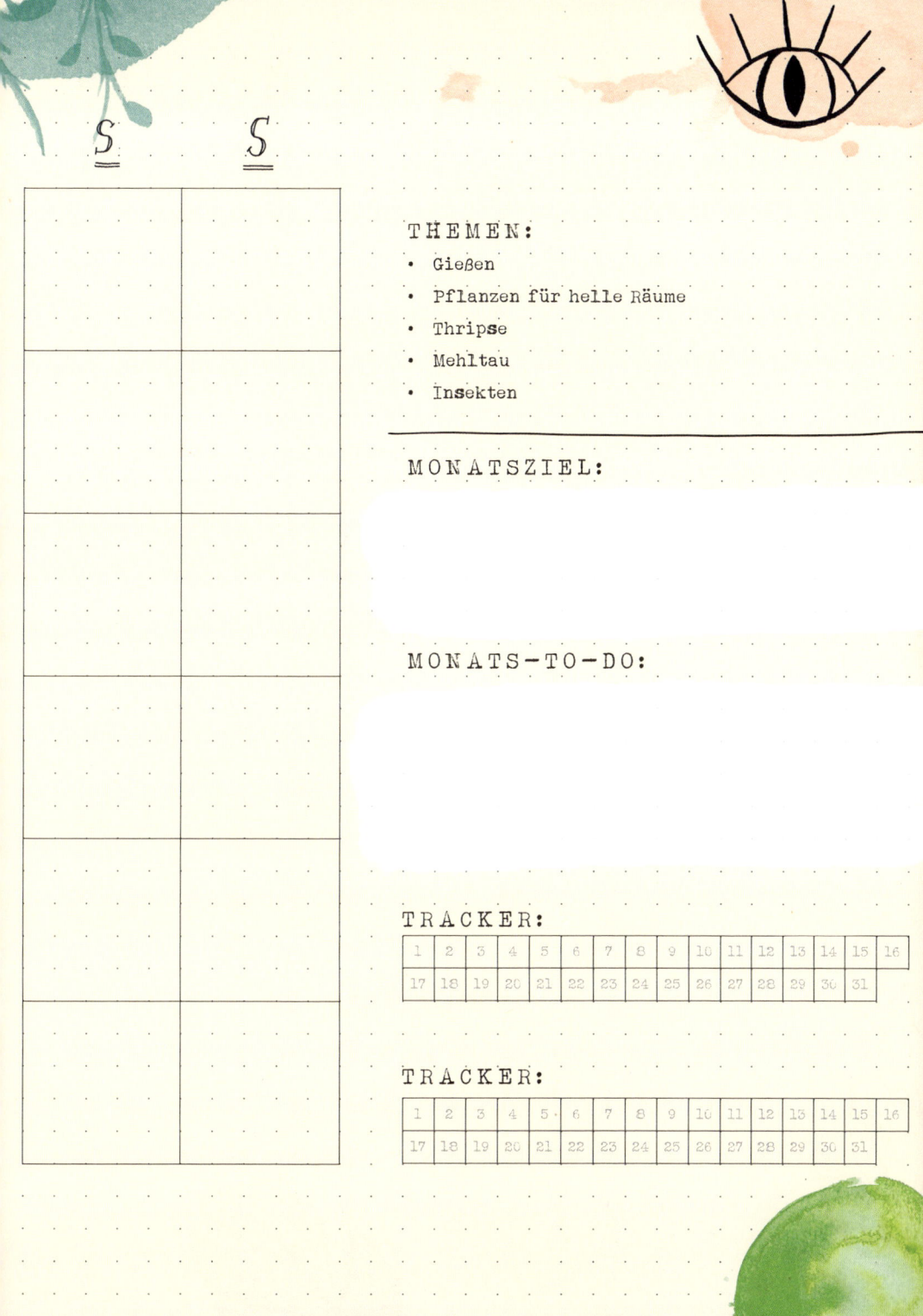

S   S

THEMEN:

- Gießen
- Pflanzen für helle Räume
- Thripse
- Mehltau
- Insekten

MONATSZIEL:

MONATS-TO-DO:

TRACKER:

1	2	3	4	5	6	7	8	9	10	11	12	13	14	15	16
17	18	19	20	21	22	23	24	25	26	27	28	29	30	31	

TRACKER:

1	2	3	4	5	6	7	8	9	10	11	12	13	14	15	16
17	18	19	20	21	22	23	24	25	26	27	28	29	30	31	

TO DO:

MONTAG

DIENSTAG

MITTWOCH

DONNERSTAG

NOTIZEN

FREITAG

SAMSTAG

SONNTAG

Du glaubst gar nicht, wie viele grüne Freunde ich schon auf dem Gewissen habe, weil ich zu oft die Gießkanne geschwungen habe. Das Substrat ist dann zu feucht, es bildet sich Staunässe, die Wurzeln faulen langsam, aber sicher ab und das Pflänzchen stirbt. Damit dir das nicht passiert, hier ein paar Tipps für das richtige Gießverhalten.

Erstens: Je heller dein grüner Freund steht, desto mehr musst du gießen. Eine Pflanze, die einer hohen Lichtmenge ausgesetzt ist, wächst schneller und benötigt dementsprechend mehr Wasser. Aber Achtung: Im Winter, wenn die Lichtverhältnisse grauenhaft sind, verfallen einige deiner grünen Freunde in die sogenannte Vegetationsruhe und benötigen weniger Wasser als im Frühjahr oder Sommer, wenn die Wachstumsphase im vollen Gange ist.

Zweitens: Jede deiner Pflanzen hat unterschiedliche Ansprüche und du solltest regelmäßig checken, ob sie gegossen werden muss. Steck dafür deinen Finger ca. fünf Zentimeter ins Substrat. Sollte alles furztrocken sein, kannst du beherzt die Gießkanne schwingen. Mit kleinen Feuchtigkeitsmessern, die man ins Substrat steckt, geht es noch einfacher. Alle drei Tage kannst du so durch deinen kleinen Dschungel tigern und kontrollieren, wie es deinen Pflanzen geht.

Drittens: nicht mit eiskaltem Wasser gießen, sondern lauwarm. Du gehst ja schließlich auch lieber unter die warme Dusche, oder? Deine grünen Freunde sind dir übrigens auch dankbar, wenn sie ab und zu schön abgeduscht werden.

Viertens: Überschüssiges Wasser im Unterteller solltest du erst ca. 20 bis 30 Minuten nach dem Gießen entfernen, dann aber unbedingt. Deine Pflanze nimmt in der Zeit noch etwas Wasser auf.

Und zuletzt noch ein Überblick zu den gängigen Gießanleitungen: Wenig bedeutet, dass ca. alle zwei Wochen gegossen werden sollte, mäßig ca. einmal die Woche und viel ca. zweimal die Woche. Aber auch hier gilt: Kontrolliere immer erst das Substrat!

TO DO:

MONTAG

DIENSTAG

MITTWOCH

DONNERSTAG

NOTIZEN

FREITAG

SAMSTAG

SONNTAG

PFLANZENARTEN FÜR HELLE RÄUME

Du gehörst zu den Glücklichen, die eine mit Licht durchflutete Wohnung haben und möchtest diese etwas grüner gestalten? Da wirst du keine großen Schwierigkeiten haben, denn Pflanzen brauchen Licht zum Leben. Deine grünen Freunde können nämlich mithilfe von Fotosynthese Licht, Wasser und Kohlendioxid in Nahrung umwandeln und somit Sauerstoff in die Luft abgeben. Du kannst deine Bude z.B. mit folgenden grünen Freunden aufhübschen:

PILEA PEPEROMIOIDES (Chinesischer Geldbaum)
Dieser grüne Freund hat sich in den letzten Jahren zu einem richtigen Star entwickelt und ist gar nicht mehr aus unserem kleinen Dschungel zu Hause wegzudenken. Das Coole an dieser Pflanze ist, dass du sie easy vermehren und mit deinen Freunden teilen kannst. Die Pilea fühlt sich an einem hellen Standort mit indirekter Sonneneinstrahlung am wohlsten. Beim Gießen solltest du etwas vorsichtig sein, mäßiges Wässern reicht vollkommen aus, denn die Pilea ist leider anfällig für Wurzelfäule.

STRELIZIE
Ach die Strelizie hat sich mit der Zeit zu einem meiner Lieblinge entwickelt. Mein Favorit ist die riesen Baum-Strelizie (Strelizie Nicolai), die bis zu 12 m groß werden kann. Die Strelizie mag einen hellen Platz mit etwas direkter Sonne. Ihr Substrat sollte feucht gehalten werden. Achte darauf, dass sie niemals komplett austrocknet.

MONSTERA
Auch Fensterblatt genannt, war nicht nur in den 1970er Jahren super hipp, sondern ist auch heute noch ein absolutes Must-Have. Sie ist eine unkomplizierte Freundin, die es hell und leicht sonnig mag. Ihre langen Luftwurzeln verwendet sie, um Licht zu tanken. Normalerweise sind ihre Blätter mit Schlitzen versehen. Sollten diese ausbleiben, steht sie zu dunkel. Wie oft du die Gießkanne bei ihr schwingen musst, hängt ganz von der Lichtzufuhr ab. Check vorab mit der Fingerprobe, ob du sie wirklich wässern musst.

TO DO:

MONTAG

DIENSTAG

MITTWOCH

DONNERSTAG

NOTIZEN

FREITAG

SAMSTAG

SONNTAG

THRIPSE

Allein schon der Name „Thripse" schreckt richtig ab und man darf diese kleinen Insekten wirklich nicht unterschätzen. Thripse, auch Blasenfüße, Fransenflügler oder Gewittertierchen genannt, sind ca. zwei Millimeter groß und können, wenn sie ausgewachsen sind, sogar fliegen. Wenn du merkst, dass die Blätter matt oder fleckig werden, Triebe und Blütenknospen verkrüppeln, Deformierungen und Wachstumsstörungen auftauchen und sich silbrig-weiße Streifen auf den Blättern abzeichnen, hat deine Pflanze vermutlich Thripse als unangenehme Mitbewohner. Aber kein Grund zur Panik, ich habe ein paar Tipps für dich, wie du deinen grünen Freund wieder putzmunter bekommst.

Als erste Rettungsmaßnahme kannst du deine Pflanze mit einer Seifenlauge (ca. acht Gramm Seifenlauge pro 500 Milliliter Wasser) besprühen. Alternativ geht auch eine Olivenöl-Spülmittel-Mischung (vier Esslöffel Olivenöl, ein paar Spritzer Spüli mit ca. zwei Liter lauwarmen Wasser vermischen), mit der du die Pflanze alle drei bis vier Tage besprühst. Achte aber darauf, dass der Topf gut eingepackt ist, damit keine Seife im Substrat landet.

Anschließend kannst du Sticker zum Einsatz bringen. Während Trauermücken auf die Farbe Gelb stehen (siehe S. 175), fährt die Thripse wiederum voll auf Blau ab. Anfangs könntest du z.B. Blausticker zur Bekämpfung dieser ungebetenen Gäste einsetzen.

Du kannst auch Raubmilben als Helfer einsetzen. Diese werden die Thripse nicht nur fressen, sondern auch die Vermehrung ruckzuck verhindern sowie einen Schutzschild gegen erneuten Befall aufbauen.

Bei fortgeschrittenem Befall solltest du deinen grünen Freund aus seinem alten Substrat befreien, die Wurzeln gründlich und vorsichtig abwaschen und neu einpflanzen. Die Thripse können sich nämlich tief im Substrat verstecken und dort verpuppen.

Auch Neemöl kannst du hier einsetzen, allerdings bitte nicht in Kombination mit den Raubmilben, da du diese dann auch auf dem Gewissen hättest. Bewaffnet mit Neemöl machst du Jagd auf die Larven und betupfst sie mit diesem. Durch das im Öl enthaltene Azadirachtin werden die Larven an ihrer Weiterentwicklung gehindert.

TO DO:

MONTAG

DIENSTAG

MITTWOCH

DONNERSTAG

NOTIZEN

FREITAG

SAMSTAG

SONNTAG

DER SCHÖNWETTER- UND DER SCHLECHTWETTERPILZ

Die Rede ist vom **falschen** und **echten** Mehltau: Diese Übeltäter gehören zu den häufigsten Pilzerkrankungen in unserem Garten. Befallen werden hier gleichermaßen Zier- und Nutzpflanzen. Die Pilzfamilien wachsen auf der Oberfläche deiner Pflanze und ernähren sich von ihr.

Echter Mehltau

Wenn es draußen schön warm wird, solltet ihr besonders auf zack sein. Der echte Mehltau liebt trockene Hitze. Anfangs ist ein weißer pulvriger Überzug auf den Blättern, Trieben und den Blüten zu erkennen. Im späteren Verlauf des Befalls rollen sich die Blätter eures grünen Freundes ein bis sie sich mit der Zeit bräunlich verfärben und abfallen. Wassermangel und schlechte Durchlüftung können Ursachen für diesen fiesen Übeltäter sein.

Falscher Mehltau

Der falsche Mehltau bildet auf der Blattunterseite Schimmel, was dazu führt, dass die Blätter deiner Pflanze grüne, gelbe oder braune Flecken bekommen und abfallen. Anders als bei der echten Variante ist diese Pilzfamilie im Blattgewebe verankert und nicht ausschließlich oberflächlich behaftet.

Der falsche Mehltau fühlt sich besonders wohl, wenn es richtig schön feucht ist, weshalb er auch als Schlechtwetterpilz bezeichnet wird. Achtet besonders auf Freunde in Gewächshäusern, da die Gegebenheiten dort perfekt sind.

TIPPS GEGEN MEHLTAU:

1 Achte bei deiner Auswahl im Vorhinein auf Samen und Pflanzensorten, die besonders resistent gegen Mehltau sind.

2 Lass genügend Abstand zwischen den Pflanzen, damit die Luft zwischen ihnen besser zirkulieren kann und keine Feuchtigkeit entsteht.

3 Weniger ist mehr, das gilt auch für das Düngen. Die Überdüngung, insbesondere mit Stickstoff, fördert eine Mehltaubildung.

4 Gieße deine Pflanzen unten im Wurzelbereich und achte darauf, nicht über die Blätter zu gießen.

5 Kräuter wie Kerbel, Schnittlauch oder Basilikum hasst der Mehltau. Sie eignen sich ideal als kleine Helfer, die du zwischen anfällige Pflanzen setzen kannst.

TO DO:

MONTAG

DIENSTAG

MITTWOCH

DONNERSTAG

NOTIZEN

FREITAG

SAMSTAG

SONNTAG

KLEINE MITBEWOHNER IN GEFAHR

Ist dir auch schon aufgefallen, wie wenig Schmetterlinge es mittlerweile nur noch gibt? Als kleines Mädchen stand ich immer vor den Schmetterlingsbäumen und habe diese zauberhaften bunten Lebewesen bewundert.

Die unscheinbare Florfliege wirst du vielleicht im ersten Moment gar nicht wahrnehmen, doch dieses länglich-grüne Insekt mit den transparenten Flügeln ist besonders bei Gartenbesitzern beliebt. Die Larven der gemeinen Florfliege ernähren sich ausschließlich von Blattläusen und verspeisen dabei hunderte von ihnen, somit sind sie echt nützliche und natürliche Schädlingsbekämpfer. Aber auch die Florfliege ist bedroht.

Ebenso wie die Wildbienen, deren beruhigendes Summen leider immer seltener wird. Anders als Honigbienen, die bei Imkern leben, suchen sich Wildbienen ihre Bruthöhlen ausschließlich in der freien Natur. Ihr Lebensraum gerät mehr und mehr in Gefahr. Manche Arten sind auf ganz bestimmte Pflanzen spezialisiert. Sterben also diese Insekten aus, werden auch die Pflanzen aussterben, was super traurig wäre.

Den roten Siebenpunkt-Marienkäfer kennst du sicherlich, da er zu den bekanntesten seiner Art gehört. Sein hübsches Aussehen fasziniert uns immer wieder aufs Neue und wir freuen uns, wenn er sich auf uns niederlässt. Doch nicht nur die Optik der über 70 verschiedenen Marienkäfer-Arten in Deutschland ist beliebt, sondern vor allem ihr gesunder Appetit.

Auf ihrem Ernährungsplan stehen neben Schild- und Blattläusen auch Spinnmilben und gelegentlich sogar der Pilzbefall auf Pflanzen - optimale kleine Helfer gegen Schädlinge. Aber auch das Überleben der Marienkäfer ist in Gefahr.

Wie du vielleicht schon mitbekommen hast, greift der Mensch zum Teil extrem in die Natur ein. Durch die moderne Landwirtschaft, bei der Pestizide nahezu tagtäglich eingesetzt werden, verlieren viele Insektenarten ihren natürlichen Lebensraum. Sie zu schützen, kann mit einem Insektenhotel gelingen. Alles, was du dazu wissen musst, liest du auf S. 93.

diy KREATIVPROJEKT

Das Glasterrarium ist nicht
nur schön anzusehen, es bietet
kleinen feuchtigkeitsliebenden
grünen Freunden wie Farnen auch
optimale Bedingungen. Du kannst
dir gar nicht vorstellen, wie
schön muckelig warm und feucht
es da drin werden kann.

DU BENÖTIGST:

- ein Glasgefäß mit Deckel (alternativ
  kannst du auch ein großes und breites
  offenes Gefäß nehmen)
- einige kleine grünen Freunde,
  die es gerne feucht mögen
- Universalerde
- feinen Kies
- Aktivkohle
- kleine Steine, die zur Dekoration dienen
- Moos, welches du easy im Wald sammeln
  kannst
- Pflanzenbrause oder eine Gießkanne mit
  Brausenaufsatz
- Pflanzholz (optional)

Da das Glas keine Abzugslöcher hat, befüllst du es im ersten Schritt mit einer 3 bis 4 cm dicken Schicht Kies, die als Drainage dient. On Top mischst du ein paar Teelöffel Aktivkohle darunter, was verhindert, dass sich Schimmel bildet. Bei den Mengenangaben kommt es ganz auf die Größe deines Glases an.

Im nächsten Schritt kommt die Universalerde zum Einsatz. Verteile davon eine 5 bis 6 cm dicke Schicht gleichmäßig auf die Kies-Aktivkohle-Mischung.

Nun befreist du deine kleinen grünen Freunde vorsichtig von ihrer alten Erde und entfernst gegebenenfalls alte Blätter.

Checke gleichzeitig ihre Wurzeln und lockere diese etwas, damit sie später perfekt wachsen können.

Beginne mit der sogenannten Leitpflanze, die den Mittelpunkt deines kleinen Beetes bildet. Ich habe hier verschiedene Arten von Farnen genutzt. Drücke mittig ein Loch in die Erde, dass etwas größer als der Wurzelballen deiner auserwählten Pflanze ist und setze sie vorsichtig in das Loch. Nun kannst du die Erde drumherum entweder mit deinen Fingern festdrücken oder ein Pflanzholz zur Hilfe nehmen.

Jetzt pflanzt du in derselben Art die übrigen kleinen grünen Freunde um deine Leitpflanze herum ein.

Nun ist es dir überlassen, womit du dekorieren möchtest. Es eignen sich zum Beispiel Steine oder Moos. Moos hat den Vorteil, dass es zusätzlich für Feuchtigkeit sorgt. Im letzten Schritt wässerst du deine kleinen Freunde nochmal ordentlich mit einer Gießbrause oder einer Gießkanne mit Brausenaufsatz und säuberst das Glas vorsichtig von innen.

Pflegetipp**s:**

Achte darauf, dass du nicht zu oft gießt. Da in deinem kleinen
Glasterrarium durch die eng sitzenden Pflanzen eine feuchtwarme
Atmosphäre entsteht, benötigen die Pflanzen keine großen Wasser-
mengen. Erst wenn du merkst, dass die Erde komplett trocken ist,
darfst du die Gießkanne bzw. Gießbrause schwingen. Als Standort
für dein Terrarium eignet sich ein Platz, der hell aber vor
direkter Sonne geschützt ist.
Viel Spaß beim Nachmachen!

MEIN MONAT

M	D	M	D	F

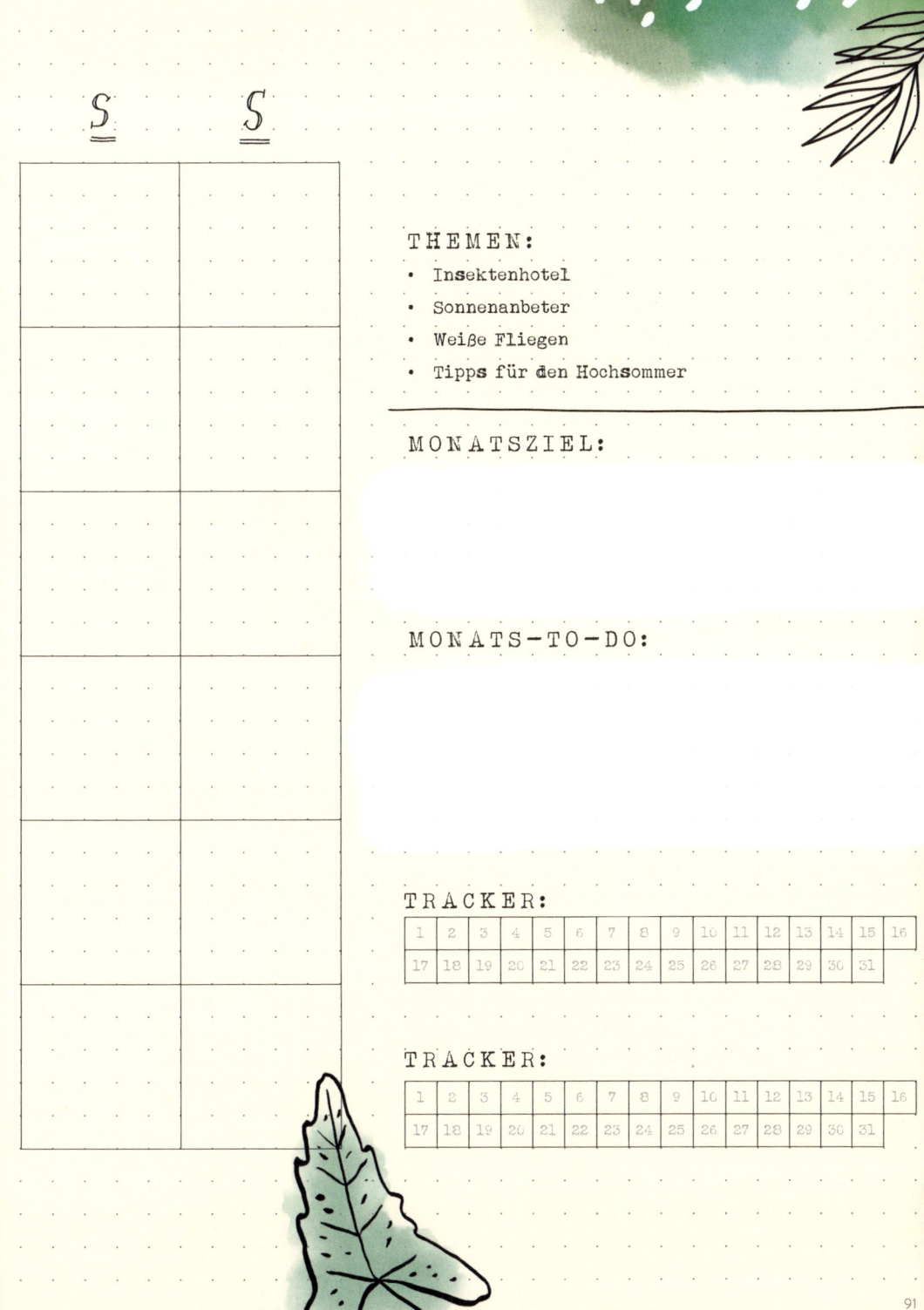

S   S

THEMEN:

- Insektenhotel
- Sonnenanbeter
- Weiße Fliegen
- Tipps für den Hochsommer

MONATSZIEL:

MONATS-TO-DO:

TRACKER:

1	2	3	4	5	6	7	8	9	10	11	12	13	14	15	16
17	18	19	20	21	22	23	24	25	26	27	28	29	30	31	

TRACKER:

1	2	3	4	5	6	7	8	9	10	11	12	13	14	15	16
17	18	19	20	21	22	23	24	25	26	27	28	29	30	31	

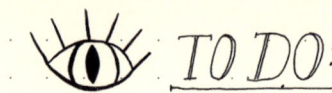

TO DO:

MONTAG

DIENSTAG

MITTWOCH

DONNERSTAG

NOTIZEN

FREITAG

SAMSTAG

SONNTAG

INSEKTENHOTEL:

NIST- UND ÜBERWINTERUNGSHILFE FÜR NÜTZLICHE INSEKTEN

Man sieht sogenannte kleine Insektenhotels, künstlich hergestellte Unterkünfte, die als Nist- und Überwinterungsplatz für nützliche Insekten dienen, immer häufiger in Gärten, auf Schulgeländen, Parkanlagen und sogar auf Balkonen. Sie können freistehend oder auch hängend angebracht werden. Du kannst sie bereits fertig in unterschiedlichen Größen kaufen, anhand von Baukastensystemen zusammenbauen oder selbst basteln. Lass deiner Kreativität freien Lauf!

Damit sich unsere Nützlinge auch wohlfühlen, solltest du aber darauf achten, dass die Insektenhotels nur aus natürlichen Materialien gefertigt sind. Insektenhotels, die zum Beispiel Äste mit Löchern, altes Holz oder Mauersteine beinhalten, werden von allerlei Wildbienen-Arten sehr gerne angenommen und bieten ihnen ein optimales neues Zuhause.

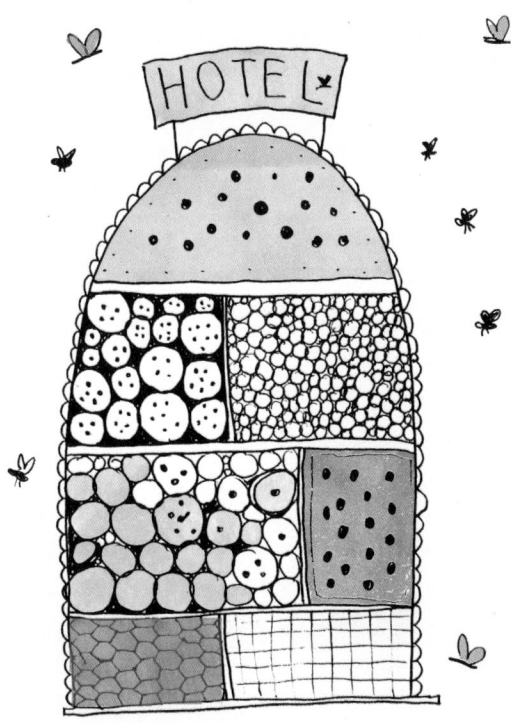

Auch für einige Schmetterlinge ist ein solcher Rückzugsort wichtig. Während eine Vielzahl an Arten noch im Stadium der Puppe, Raupe oder im Ei den Winter verbringen, überwintern ein paar der Flatterer ausgewachsen bei uns. Eine Unterkunft mit einem speziellen Abteil für Schmetterlinge ist der perfekte Rückzugsort für sie.

Die kleinen Mitbewohner können ihren neuen Unterschlupf am besten finden, wenn du ihn in der Nähe von Büschen, Bäumen und Blumen aufstellst. Diese sind wiederum wichtig als Nahrungsquelle und sichern ihr Überleben. Ratsam ist es ebenfalls, eine kleine Wasserstelle in der Nähe des Nistkasten zu platzieren.

TO DO:

MONTAG

DIENSTAG

MITTWOCH

DONNERSTAG

NOTIZEN

FREITAG

SAMSTAG

SONNTAG

SONNENANBETER

Es gibt einige
grüne Freunde, die es lieben,
wenn sie in der knalligen Sonne stehen.
Vor allem fleischfressende Pflanzen sind ganz große
Fans davon, brutzeln zu dürfen.
Als Kind war ich oft mit meiner Mutter im Gartencenter
und ab und zu durfte ich mir auch eine Pflanze aussuchen.
Mein absoluter Liebling war die Venusfliegenfalle.
Ich weiß noch ganz genau, wie ich darauf gewartet habe, dass sich ein
Insekt in einem ihrer maulartigen Blätter niederlässt und sie zuschnappt.
Neben ihr mag es auch die fleischfressende Schlauchpflanze sehr sonnig
und genießt einen warmen Platz.
Beide grünen Freunde sind ziemlich unkompliziert. Düngen brauchst du
sie überhaupt nicht, nur beim Gießen solltest du auf weiches und
destilliertes Wasser zurückgreifen. Vom Frühling bis zum Spätsommer stellst
du sie am besten in eine mit Wasser gefüllte Schale. In der Ruhephase, also
im Herbst bzw. Winter, nimmst du sie aus der Schale, solltest aber dennoch
darauf achten, dass das Substrat immer etwas feucht ist.
Auch Kakteen mögen die Sonne. Schließlich solltest du nicht vergessen,
dass diese grünen Freunde ursprünglich aus Gebieten kommen, wo es sehr
warm ist. Aber Achtung: Auch ihnen kann zu heiß werden. Deshalb solltest du ihnen im Hochsommer etwas Schatten spenden. Schließlich
knallst du dich auch nicht gerade in die Mittagssonne, wenn du
deine Bräune etwas auffrischen willst. Welche Kakteen nicht
nur pflegeleicht sind, sondern auch noch zauberhaft aussehen, kannst du easy bei „Kakteen" nachlesen
(Seite 139).

TO DO:

MONTAG

DIENSTAG

MITTWOCH

DONNERSTAG

NOTIZEN

FREITAG

SAMSTAG

SONNTAG

WEISSE FLIEGEN

Noch so ein Schädling, der deinem grünen Freund gefährlich werden kann. Die weißen Fliegen sind ca. zwei Millimeter groß und saugen sich an deiner Pflanze fest. Solltest du sie bei ihrer Nahrungsaufnahme stören, fliegen sie auf und du kannst gezielt nach ihnen suchen, da sie sich sonst auf der Blattunterseite deines grünen Mitbewohners verstecken. Diese kleinen Fliegen können Blatt- und Knospendeformationen sowie Kümmerwuchs an deiner Pflanze verursachen. Auch diese kleinen ungebetenen Gäste sondern Honigtau ab, auf dem sich Schwärzepilze absetzen können (siehe S. 183). Die weißen Fliegen fühlen sich so richtig wohl, wenn es feucht und warm ist. Im Winter also vorzugsweise in Gewächshäusern. Aber auch in unserer Bude fühlen sie sich richtig wohl und können uns ordentlich auf die Nerven gehen. Und ihr könnt euch nicht vorstellen, wie schnell sie sich fortpflanzen können. Ein Weibchen hat eine Lebensdauer von ca. vier Wochen und kann in dieser Zeit bis zu 400 Eier rausschießen. Die kleinen Larven sind auch schon ganz schön flink unterwegs und saugen ebenfalls auf der Blattunterseite den Saft deines grünen Freundes aus.

Ich habe folgende Tipps zur Bekämpfung für dich:

1

Da diese kleinen Monster einen Honigtau absondern, empfehle ich dir, alle befallenen Pflanzenteile abzuschneiden und zu entsorgen.

2

Sollte dein grüner Freund winterhart sein, stelle ihn doch mal an die frische Luft. Weiße Fliegen kommen nicht auf kältere Temperaturen um den Gefrierpunkt klar und sterben ab.

3

Du kannst Gelbtafeln oder Gelbsticker anwenden. Die weißen Fliegen stehen total auf die Farbe Gelb. Sie bleiben daran kleben und sterben dementsprechend. Diese Anwendung hilft allerdings nur gegen ausgewachsene Fliegen.

4

Du kannst auch hier Neem-Produkte und Schlupfwespen als kleine Helfer einsetzen. Für weitere Informationen check auch meine Tipps gegen Thripse (S. 81) oder Trauermücken (S. 175) ab.

TO DO:

MONTAG

DIENSTAG

MITTWOCH

DONNERSTAG

NOTIZEN

FREITAG

SAMSTAG

SONNTAG

HOCHSOMMER AUF DEM BALKON

Damit dir deine grünen Freunde auf dem Balkon lange Freude bereiten, solltest du einige Tipps und Tricks beachten. Die perfekten Pflanzen für deinen Balkon habe ich dir schon verraten (siehe S. 47 und 49). Aber wie sieht's mit der Pflege aus?

Eine gute Erde ist das A und O. Am besten eine strukturstabile, die gleichzeitig über Tonminerale verfügt. Der pH-Wert sollte in einem sauren Bereich bei ca. 5,5 liegen. Um Staunässe vorzubeugen, kannst du den Boden deiner Töpfe vor dem Einpflanzen mit einer Schicht feinem Kies und ein paar Teelöffeln Aktivkohle füllen. Das fördert den Wasserabfluss und die Wurzeln sind safe.

Auch hier gilt die goldene Gießregel: Gieße erst, wenn die Erde trocken ist (siehe S. 77). Die beste Tageszeit ist früh morgens. In der Mittagshitze verdunstet das Wasser schneller und gelangt nicht bis zu den Wurzeln. Wenn du spät abends merkst, dass die ein oder andere Pflanze den Kopf hängen lässt, weil der Tag so heiß war, kannst du easy nachgießen. Achte aber immer darauf, dass kein Wasser auf die Blätter gelangt, da dies zu Verbrennungen führen kann.
Pflanzen, die auf einem Südbalkon wohnen, benötigen mehr Wasser als Pflanzen auf einem Nordbalkon. Im Hochsommer kann ich dir auch kleine Helfer empfehlen, die deine Pflanzen optimal mit Wasser versorgen. Beim Einpflanzen kannst du z.B. ein Langzeit-Wasserspeicher-Granulat unter die Erde mischen. Und kleine Bewässerungskugeln aus dem Gartencenter, die du in die Töpfe steckst, sorgen ebenfalls dafür, dass deine grünen Freunde über den Tag verteilt mit kleinen Mengen an Wasser versorgt werden.

Wenn deine Pflanzen ihre neuen Töpfe auf deinem Balkon beziehen, kannst du ihnen außerdem mit einem mineralischen Langzeitdünger, an dem sie sich bis zu sechs Monate bedienen können, etwas Gutes tun. Wenn du dir eine ordentlich Blütenpracht wünschst, kannst du ab Juni zusätzlich einen Flüssigdünger, der für Blütenpflanzen geeignet ist, einsetzen.

TO DO:

MONTAG

DIENSTAG

MITTWOCH

DONNERSTAG

NOTIZEN

FREITAG

SAMSTAG

SONNTAG

REZEPT

ALOE-VERA-LIPPENPFLEGE

Wie du vielleicht schon weißt, ist die Aloe Vera eine kleine Wunderpflanze und kann für Vielerlei eingesetzt werden, unter anderem auch für Kosmetikprodukte, da sie ein super Feuchtigkeitsspender und gleichzeitig auch Entzündungshemmer ist.

Und so wird's gemacht:
Schneide das Aloe-Vera-Blatt an der Seite ein und filetiere es ganz vorsichtig. Achte darauf, dass keine Schale mehr an dem Gel ist.
Anschließend dein bevorzugtes Öl und das Beerenwachs im Wasserbad langsam auf niedriger Temperatur erwärmen. Nachdem das Wachs sich komplett aufgelöst hat, die Sheabutter dazu geben und ebenfalls einschmelzen lassen.
Nun das Aloe-Vera-Gel pürieren, zu der Öl-Wachs-Sheabutter-Mischung geben und alles zu einer gleichmäßigen Masse schlagen. Mit ein paar Tropfen des Ätherischen Öls abrunden.
Im letzten Schritt füllst du deine noch flüssige Lippenpflege in ein kleines Gefäß und stellst sie zum Abkühlen in den Kühlschrank.

Tipp: Lippenpflege kühl lagern und zügig aufbrauchen, da das Rezept keine Konservierung enthält.

ZUTATEN:

- ein Aloe-Vera-Blatt, aus dem du ca. 15 bis 20 g Inhalt gewinnen kannst
- ca. 6 g Beerenwachs
- 10 g Sheabutter
- 20 ml Pflanzenöl (ich habe mich für Mandelöl entschieden, da ich eine empfindliche Haut habe. Alternativ kannst du auch Kokosöl nutzen. Auch Kakaobutter, Oliven- oder Leinöl kann ich empfehlen.)
- Ätherische Öle, die on top für einen zauberhaften Duft sorgen. Ich habe Lemongrass verwendet.

Interior-Inspiration: Schlafzimmer

Im kühlen Schlafzimmer fühlen sich Klivien oder Sukkulenten wohl. Bogenhanf verbessert die Luft für süße Träume.

M	D	M	D	F

_S_   _S_

THEMEN:
- Die richtige Temperatur
- Pflanzengruppen bilden
- Ableger
- Teilung

MONATSZIEL:

MONATS—TO—DO:

TRACKER:

1	2	3	4	5	6	7	8	9	10	11	12	13	14	15	16
17	18	19	20	21	22	23	24	25	26	27	28	29	30	31	

TRACKER:

1	2	3	4	5	6	7	8	9	10	11	12	13	14	15	16
17	18	19	20	21	22	23	24	25	26	27	28	29	30	31	

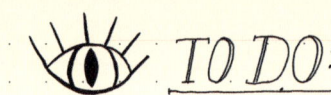 TO DO:

MONTAG

DIENSTAG

MITTWOCH

DONNERSTAG

NOTIZEN

FREITAG

SAMSTAG

SONNTAG

DIE PFLANZENFREUNDLICHE ZIMMERTEMPERATUR

Die meisten grünen Freunde vertragen eine Temperatur zwischen 15 und 25 °C. Die optimale Temperatur, die deine Pflanzen dazu antreibt, Fotosynthese zu betreiben, liegt jedoch bei ca. 25 °C. Aber keine Angst, sie kommen natürlich auch mit Temperaturschwankungen klar, da solche Unterschiede auch in ihrer natürlichen Umgebung auftauchen können. Sollten diese Schwankungen jedoch zu stark sein, werden deine grünen Freunde etwas rumzicken.

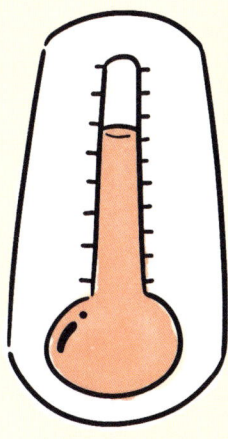

Natürlich merken unsere Pflanzen auch die verschiedenen saisonalen Temperaturschwankungen. Besonders in den kälteren Monaten verfallen die meisten unserer grünen Freunde in Ruhephasen und wachsen sehr langsam bis gar nicht. Dann solltest du darauf achten, dass deine Pflanzen keiner Zugluft und keiner warmen Heizungsluft, die zur Austrocknung sowie zum Befall von Schädlingen (Spinnmilben) führen kann, ausgesetzt werden.

Ein kleiner Tipp: An wärmeren Tagen und auch, wenn du die Heizung anschmeißt, solltest du deine grünen Freunde, die höher stehen oder die du z.B. in Pflanzenampeln an der Decke hängen hast, öfter kontrollieren, da die Wärme nach oben steigt. Hier solltest du öfter checken, ob du sie wässern musst, und die Blätter das ein oder andere mal zu besprühen, ist auch nicht verkehrt.

Der optimale Platz für deine grünen Mitbewohner ist ein Standort in der Nähe eines sonnigen Fensters aber möglichst weit weg von einem Heizkörper. Natürlich kannst du z.B. deine Kakteen und Sukkulenten auf deiner Fensterbank platzieren. Sie kommen perfekt mit wüstenähnlichen Bedingungen klar. Trockene Luft oder Erde ist kein Problem für diese grünen Mitbewohner.

Und sollte die Luftfeuchtigkeit in deiner Bude mal zu hoch sein, kannst du diese easy absenken, indem du kurz lüftest. Deine Pflanzen sind großer Fan davon, wenn du ab und an mal ein bisschen frische Luft in deine Bude lässt.

TO DO:

MONTAG

DIENSTAG

MITTWOCH

DONNERSTAG

NOTIZEN

FREITAG

SAMSTAG

SONNTAG

PFLANZENGRUPPEN BILDEN

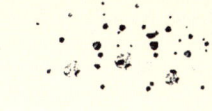

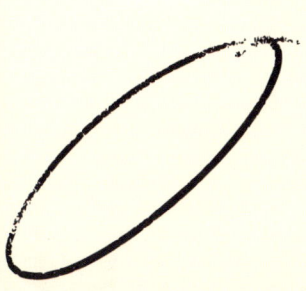

Es gibt Pflanzen,
die alleine eher traurig und
kümmerlich wirken. Im Duett, als Trio
oder gar Pflanzengruppe kommen sie dagegen
wunderbar zur Geltung und unterstützen sich auch
noch gegenseitig in ihrer Entwicklung.
Pflanzengruppen zu kombinieren, hat enorme Vorteile.
Zum einen schaffen deine grünen Freunde zusammen einen
Blickpunkt in deinem Zimmer und zum anderen gedeihen sie besser in Gesellschaft als alleine. Dicht zusammenstehende Pflanzen
oder gar Gruppen, die gemeinsam in einem Gefäß gepflanzt sind,
sorgen zudem für ein besseres Klima, da sie Wasser verdunsten
und dadurch in der unmittelbaren Umgebung die Luft befeuchten.
So übernimmt jede einzelne Pflanze gleichzeitig die Verantwortung
für die andere. Aber Vorsicht: Du solltest dich vorher
informieren, ob die für eine Gruppe angedachten grünen Freunde
auch dieselben oder ähnliche Bedürfnisse haben.
Denn diese Frage hast du dir sicherlich auch schon
einmal gestellt: Passen die jetzt zusammen
oder eher doch nicht?
Um es dir ein wenig einfacher zu machen,
habe ich dir auf Seite 113 schon mal
einige Dreamteams
zusammengestellt.

TO DO:

MONTAG

DIENSTAG

MITTWOCH

DONNERSTAG

NOTIZEN

FREITAG

SAMSTAG

SONNTAG

VERMEHRUNGSARTEN:
ABLEGER UND SETZLINGE

Viele grüne Freunde, wie die Pilea, der Bogenhanf, die echte Aloe Vera oder diverse Kakteenarten, bilden kleine Seitentriebe - ich bezeichne sie auch als Kinder -, die aus der Mutterpflanze wachsen. Aber wie bekommst du die beiden getrennt? Wichtig ist, dass die Kids ca. die Hälfte, mindestens aber ein Drittel der Größe der Mutter aufweisen, da sie dann meist schon eigene Wurzeln haben und somit überlebensfähig sind.

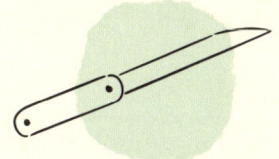

Nimm deinen grünen Freund dann aus dem Topf und schneide das Kind, sprich den Ableger, ganz nah an der Mutterpflanze mit einem scharfen Messer ab. Pass bitte auf, dass du weder die Mutter noch das Kind beim Herausschneiden verletzt.

Anschließend kannst du die Mutterpflanze easy wieder einpflanzen und das Kind entweder in einem Gefäß mit Wasser oder in einem Topf mit feuchtem Moos weiter wurzeln lassen, bis sich genügend starke Wurzeln gebildet haben und du es in Erde setzen kannst. Mit dem Gießen solltest du aber vorsichtig sein, da sich die Wurzeln noch entwickeln.

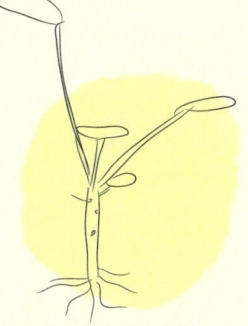

Bei andere Pflanzen, wie der Grünlilie, hängen die Kinder an langen Trieben, die du abschneiden und in Wasser bzw. in Moos wurzeln lassen kannst. Du solltest darauf achten, dass der Setzling am Ende des Stranges mehrere Blätter gebildet hat.

Alternativ kannst du diese Kinder auch, wenn sie leicht bewurzelt sind, nicht allzu tief in einen kleinen Topf mit Aussaaterde drücken. Wichtig ist, dass du die Kids in dem Fall noch nicht von der Mutterpflanze trennst und das Substrat stets feucht hältst. Achte aber penibel darauf, dass keine Staunässe entsteht. Wenn sich weitere kleine Blätter an den grünen Freunden bilden, ist es Zeit, sie von ihrer Mutter zu trennen. Sie werden endlich flügge und gehen ihren eigenen Weg.

TO DO:

MONTAG

DIENSTAG

MITTWOCH

DONNERSTAG

NOTIZEN

FREITAG

SAMSTAG

SONNTAG

PFLANZENGRUPPEN BILDEN

Unschlagbare Teams, die zusammen strahlen und gedeihen:

Bogenhanf und Sukkulenten

Der Bogenhanf, der auch gerne mal als Schwiegermutterzunge bezeichnet wird, gehört zur Familie der Spargelgewächse. Er ist super pflegeleicht und übersteht auch Trockenperioden sehr gut. Er paart sich gerne mit Sukkulenten-Gruppen, die dieselben Bedürfnisse aufweisen wie er. Bei diesem Pärchen brauchst du keine Angst haben, dass sie von dir gehen, solltest du mal das Gießen vergessen, alles easy!

Glücksfeder und Efeutute

Hier könnt ihr etwas Rankiges mit etwas Schlängeligem kombinieren. Beide grünen Freunde sind recht pflegeleicht und fühlen sich super wohl, wenn du ihnen einen schattigen Platz in einer dunkleren Ecke deiner Wohnung schenkst. Während die gefleckte Efeutute mit ihren meist silber oder hellgrün-weiß gefleckten Blättern strahlt, fasziniert die Zamioculcas, auch Glücksfeder genannt, mit ihren dickblättrigen Auswüchsen. Beide Pflanzen können zusätzlich die Qualität deiner Raumluft verbessern.

Pilea und Monstera

Mit diesem Pärchen verwandelt ihr eure Bude in einen kleinen Urban Jungle. Beide gehören zu den Halbschattengewächsen und lieben es hell. Vor direkter Sonneneinstrahlung solltest du sie dennoch schützen, damit die zarten Blätter nicht verbrennen. Am Fuß der Pilea wachsen häufig kleine Kinder, wodurch du sie vermehren kannst. Auch von der Monstera kannst du ganz easy Stecklinge ziehen, so hast du gleich mehrere Exemplare für dein Interior.

(Zur Vermehrung siehe Seiten 111, 115, 137, 141, 153 und 157.)

MONTAG

DIENSTAG

MITTWOCH

DONNERSTAG

FREITAG

SAMSTAG

SONNTAG

TO DO:

NOTIZEN

VERMEHRUNGSARTEN: TEILUNG

Bei manchen Pflanzen, zum Beispiel dem Bogenhanf, bilden sich kleine neue Triebe neben der Mutterpflanze, die du easy durch Teilung trennen kannst und sogar solltest, denn wenn mehrere grüne Freunde in einem Topf leben, können sie sich mit der Zeit gegenseitig behindern. Die beste Zeit dafür ist der Frühling bzw. der Frühsommer. Solltest du so einen kleinen grünen Freund entdecken und die Mutterpflanze ist putzmunter und gesund, dann kannst du die beiden mit folgenden Schritten trennen.

1   Ca. eine Stunde bevor du die Mutterpflanze aus ihrem Topf nimmst, solltest du sie nochmal etwas wässern.

2   Wenn du sie dann herausgenommen hast, kannst du ganz genau erkennen, wo die einzelnen Seitentriebe am Wurzelballen sitzen. Versuche, Mutter und Kind durch leichtes und vorsichtiges Brechen der Wurzeln zu trennen, dabei solltest du darauf achten, dass genügend Wurzeln an beiden Teilen übrigbleiben. Sollte der Wurzelballen sehr dicht sein, kannst du auch ein scharfes Messer zur Hand nehmen und die Teilung damit vollziehen. Auch hier gilt, dass beide Teile noch genügend Wurzeln aufweisen sollten. Es ist nicht dramatisch, wenn die ein oder andere Wurzel bei dieser Methode zu Bruch geht.

3   Nun kannst du zwei Töpfe mit Universalerde befüllen und Mutter und Kind einzeln einpflanzen. Dabei solltest du vorsichtig sein und auf die Wurzeln achten. Wichtig ist, dass du die Triebe genauso tief einpflanzt wie du sie vorgefunden hast.

4   Nun kurz die Gießkanne schwingen und ab an einen warmen, hellen Platz ohne direkte Sonneneinstrahlung. In den ersten Wochen sollte das Substrat schön feucht gehalten werden. Aber auch hier vorsichtig sein, damit keine Staunässe entsteht.

diy KREATIVPROJEKT

A VERSCHÖNERUNG MIT HANFSEIL

Du hast zu Hause noch einige Pflanzenübertöpfe rumfliegen, die dir absolut nicht mehr gefallen? Dann habe ich hier einen kleinen Tipp für dich, wie du deinen Topf ganz easy und vor allem ruckzuck für ein paar Taler verschönern kannst.

DU BENÖTIGST:

- eine Heißklebepistole, damit später auch alles schön fest hält,
- ein Hanfseil, ich habe hier ein 6 mm dickes Seil verwendet, welches 20 m lang ist. Es ist besser, ein etwas längeres Seil zu kaufen, da die Gefahr besteht, dass das Ende schneller da ist als erwartet. Du kannst natürlich auch ein dickeres oder dünneres Hanfseil verwenden, was dir am besten gefällt.
- Einen Pflanzenübertopf, den du nicht mehr hübsch findest und der von der Struktur glatt ist,
- eine Schere, um später das Ende des Seils abzuschneiden.

Die Heißklebepistole ist aufgewärmt, der Übertopf ist gesäubert, los geht's. Am Anfang solltest du abchecken, wie viel Platz du am unteren
Rand lassen musst, damit der Übertopf weiterhin
einen perfekten Halt hat. Mein Rand, der unten
noch etwas türkis ist, ist ca. 1 cm breit. Jetzt
klebst du das Seil rund um den Topf. Pass auf
deine Finger auf, die hast du dir schneller an
dem Kleber verbrannt, als du gucken kannst.

Beim Kleben solltest du darauf achten, dass
du, soweit es geht, das Hanfseil in einer
Linie rum um den Topf klebst. Ich habe die Erfahrung gemacht, wenn ich den Kleber ganz nah
an dem jeweiligen unteren Seil sowie auf den
Topf verteilt habe, dass es im Endergebnis
besser hält.

Wichtig ist, dass du das Seil erst abschneidest,
wenn du am obersten Rand des Pflanzenübertopfes
angelangt bist. Damit der alte Topf nicht mehr
sichtbar ist, kannst du bei der letzten Reihe
das Hanfseil etwas über den Rand festkleben.

Voilà, fertig ist die kleine Veränderung
an deinem Pflanzenübertopf. Nun kann einer
deiner grünen Freunde dort einziehen und
du hast einen Übertopf, der wahrscheinlich
nur in der Ecke stand, wiederverwendet und
verschönert.

diy KREATIVPROJEKT

B VERSCHÖNERUNG MIT HOLZSTÄBCHEN

DU BENÖTIGST:

* eine Heißklebepistole, damit nachher alles super hält,
* Holzstäbe (bekommst du easy in verschiedenen Variationen in jedem Baumarkt. Ich habe mich für Holzstäbe entschieden, die ca. 0,5 cm breit sind),
* eine Holzsäge,
* Schleifpapier (egal welches, einfach, was du zu Hause rumfliegen hast)
* und natürlich einen Übertopf, den du nicht mehr schön findest. Wichtig hierbei ist, dass er eine glatte und ebene Oberfläche aufweist

1

2

Halte einen Holzstab an den Topf und achte darauf, dass er unten so gut es geht bündig zum Boden ist. Ein Stückchen über dem Rand eine Markierung setzen und abmessen. Dann aus den Holzstäben mehrere Stäbchen in dieser Länge sägen und die Schnittstellen säuberlich mit Schleifpapier abschleifen.

Nun klebst du die zugesägten Holzstäbchen Stück für Stück an deinen Pflanzentopf. Achte darauf, dass du sie gerade positionierst. Du solltest den Kleber direkt auf den Topf geben und das Holzstäbchen gut festdrücken. Wie viele Holzstäbchen du benötigst, kommt ganz darauf an, wie groß dein Pflanzenübertopf ist. Mein Topf hatte deinen Durchmesser von ca. 13,5 cm und da ich mich für eher dünnere Stäbchen entschieden habe, musste ich ca. 18 Stäbe zusägen, damit der Topf rundherum verkleidet ist. Optional kannst du dich aber auch für Stäbe entscheiden, die etwas breiter sind. Der Baumarkt deines Vertrauens hat sicherlich ein top Angebot und du kannst dich bezüglich der Variationen mega austoben.

Voilà, und so sieht dann der verschönerte Pflanzenübertopf aus. Für das gesamte kleine Projekt solltest du dir etwas mehr Zeit nehmen, da das Zusägen, Abschleifen und Befestigen ein bisschen dauert. Ich persönlich bin kein Perfektionist, daher stört es mich auch nicht, wenn die einzelnen Stäbchen nicht gleich lang sind. Ob meine Katze Gisela das anders sieht? Das kannst du vielleicht ihrem Blick entnehmen. Ich wünsche dir auf jeden Fall viel Spaß beim Nachzaubern!

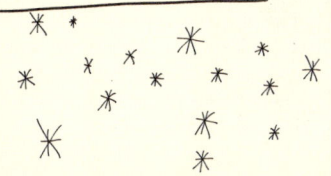

MEIN MONAT

M	D	M	D	F

S S

THEMEN:

- Umtopfen
- Luftverbesserer
- Feuchtigkeitsliebende Pflanzen
- Korkflecken
- Schildläuse

MONATSZIEL:

MONATS-TO-DO:

TRACKER:

1	2	3	4	5	6	7	8	9	10	11	12	13	14	15	16
17	18	19	20	21	22	23	24	25	26	27	28	29	30	31	

TRACKER:

1	2	3	4	5	6	7	8	9	10	11	12	13	14	15	16
17	18	19	20	21	22	23	24	25	26	27	28	29	30	31	

TO DO:

MONTAG

DIENSTAG

MITTWOCH

DONNERSTAG

NOTIZEN

FREITAG

SAMSTAG

SONNTAG

UMTOPFEN

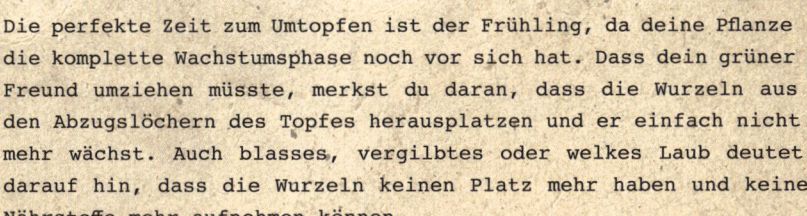

Die perfekte Zeit zum Umtopfen ist der Frühling, da deine Pflanze die komplette Wachstumsphase noch vor sich hat. Dass dein grüner Freund umziehen müsste, merkst du daran, dass die Wurzeln aus den Abzugslöchern des Topfes herausplatzen und er einfach nicht mehr wächst. Auch blasses, vergilbtes oder welkes Laub deutet darauf hin, dass die Wurzeln keinen Platz mehr haben und keine Nährstoffe mehr aufnehmen können.

Nimm deinen grünen Freund dann vorsichtig aus seinem Topf heraus, aber nur, wenn das Substrat trocken ist. Wachsen die Wurzeln am Ballenrand spiralartig und dicht, solltest du handeln. Dabei gilt es einiges zu berücksichtigen.

Der neue Topf sollte im Durchmesser ca. fünf Zentimeter größer als der alte sein und Abzugslöcher aufweisen. Bevor du deinen grünen Freund aus seinem alten Topf befreist, solltest du ihn nochmal gründlich wässern.

Dreh die Pflanze dann um, halte sie am Ansatz fest und ziehe sie vorsichtig aus dem Topf. Entferne dann das alte Substrat von den Wurzeln und kürze sie ein wenig mit der Gartenschere, das kann wachstumsfördernd sein.

Im nächsten Schritt füllst du den Boden deines neuen Topfes mit etwas Substrat. (Was sich am besten eignet, kannst du easy auf Seite 53 nachlesen.)

Setze die Pflanze hinein und achte dabei darauf, dass zwischen der Ballenoberseite und dem Rand ca. zwei bis drei Zentimeter Abstand bleiben, da sich so beim Gießen ein wenig Wasser ansammeln und langsam ins Substrat sickern kann.

Nun wird um den Ballen herum weiteres Substrat eingefüllt und leicht angedrückt, um eventuelle Lufteinschlüsse zu entfernen. Sollte dein grüner Freund Triebe oder Luftwurzeln haben, dürfen diese nicht vom Substrat verdeckt sein.

Als letzten Schritt wässerst du ein wenig und lässt das überschüssige Wasser abfließen. Bei Kakteen oder Sukkulenten solltest du mit dem Gießen allerdings warten, bis sich die Pflanze gesetzt hat.

TO DO:

MONTAG

DIENSTAG

MITTWOCH

DONNERSTAG

NOTIZEN

FREITAG

SAMSTAG

SONNTAG

LUFTVERBESSERER

Die kleinen oder auch großen grünen Freunde, die bei uns einziehen, sehen nicht nur schön aus und verwandeln unser Zuhause in einen Dschungel, sie helfen uns auch dabei, unsere Stimmung, unsere Gesundheit und unser Wohlbefinden zu verbessern. Wie sie das anstellen? Sie filtern Schadstoffe wie z.B. Formaldehyd und Benzol durch ihren Stoffwechsel aus unserer Raumluft. Und du kannst dir gar nicht vorstellen, wo du diese Schadstoffe überall vorfindest. Sie werden etwa durch Kosmetika oder Polster an unsere Umgebungsluft abgegeben und siedeln sich in unseren Räumen an. Das kann bei dir zu Kopfschmerzen, Müdigkeit sowie verschiedenen Reizungen im Augen-, Nasen- und Rachenbereich führen.

Aber welche grünen Freunde sind denn hier die Superhelden? Ich haue euch mal ein paar Beispiele raus:

1

Die gute alte Grünlilie, der Star unter den Luftreinigern. Sie kann bis zu 95% Schadstoffe wie Formaldehyd, Benzol oder Kohlenmonoxid aus der Luft filtern.

2

Die hübsche Efeutute, die der Luft das toxische Formaldehyd entzieht und gleichzeitig auch noch Gerüche neutralisiert.

3

Der Bogenhanf, der sich super für dein Schlafzimmer eignet, da er nachts weniger Kohlenstoff als Sauerstoff produziert, sorgt für ein gesundes und frisches Klima in deiner Bude. Er filtert fleißig Benzol, Formaldehyd, Trichlorethylen und Xylol aus deiner Luft und versorgt dich zusätzlich rund um die Uhr mit neuem Sauerstoff.

TO DO:

MONTAG

DIENSTAG

MITTWOCH

DONNERSTAG

NOTIZEN

FREITAG

SAMSTAG

SONNTAG

FEUCHTIGKEITSLIEBENDE PFLANZEN

Ach ja, unsere feuchtigkeitsliebenden Freunde können uns gerne
mal den letzten Nerv rauben, wenn ihre Blätter knusprig
und braun werden. Sie benötigen ganz schön viel Wasser
und auch die Sprühflasche musst du öfters zum Einsatz
bringen. Solltest du es nicht schaffen, die Luftfeuchtigkeit in anderen Räumen zu erhöhen, müssen diese
grünen Freunde wohl oder übel entweder in dein Badezimmer oder in deine Küche umziehen. Die größten
Feuchtigkeit-Fans sind übrigens diese beiden.

DIE ZICKIGE ALOCASIA (PFEILBLATT)

Das Pfeilblatt gehört zu meinen Lieblings-
pflanzen. Allerdings ist es sehr empfindlich
und auch ich habe das ein oder andere auf
dem Gewissen. Alocasien mögen es besonders
gern, wenn sie bei ca. 18 bis 25 Grad an einem
halbschattigen, jedoch hellen Standort stehen. Du
kommst nicht darum herum, sie täglich zu besprühen. Achtung, du
solltest Zugluft vermeiden, denn das können sie überhaupt nicht
leiden. Ihr Substrat sollte zu gleichen Teilen aus einem Mix aus
Rindenmulch, tonhaltiger Erde und Sand bestehen und du solltest
es zwischen Frühjahr und Herbst mit reichlich weichem Wasser
stets feucht halten. Achte aber auch hier darauf, dass du die Gießkanne nicht zu oft schwingst.

DER FARN

Farne sind perfekt geeignet, dein Badezimmer in einen grünen
Dschungel zu verwandeln. Der Frauenhaarfarn, der Spinnenfarn,
der Geweihfarn oder der altbekannte Schwertfarn lieben es
nämlich schön feucht und begrüßen es außerdem, wenn sie an
einem halbschattigen Platz stehen, wo die Sonne etwas gefil-
tert ist. Ihr Substrat solltest du stets feucht halten. Im
Winter allerdings kannst du die Oberfläche ruhig etwas aus-
trocknen lassen, bevor du die Gießkanne wieder schwingst.
Wenn die Luftfeuchtigkeit zu niedrig ist, solltest du die
Farnarten täglich morgens mit weichem Wasser besprühen.
Übrigens eignet sich der Frauenhaarfarn auch optimal für
ein kleines Terrarium.

TO DO:

MONTAG

DIENSTAG

MITTWOCH

DONNERSTAG

NOTIZEN

FREITAG

SAMSTAG

SONNTAG

HILFE, MEIN GRÜNER FREUND VERKORKT!

Was sich im ersten Moment so lustig liest, ist für eure Pflanze unter Umständen kein so großer Spaß. Zum Glück ist das Problem in den meisten Fällen aber nur optisch.

Korkflecken sind Verfärbungen der Blätter, meist an der Unterseite, die in Form und Farbe an kleine Korken erinnern. Meist entstehen sie durch eine falsche oder ungleichmäßige Wasserversorgung. In der Regel geben eure Pflanzen überschüssiges Wasser durch ihre Spaltöffnungen wieder ab. Insbesondere bei eher kühlen Wetterlagen oder bei hoher Luftfeuchtigkeit kann es aber passieren, dass das Wasser nicht ausreichend wieder abgegeben werden kann. Die Spaltöffnungen reißen ein und "verkorken". Die gute Nachricht: Korkflecken, die auftauchen, weil ihr die Gießkanne mal wieder zu oft geschwungen habt, sind nicht schädlich für euren grünen Freund. Er wird nur nicht mehr so zauberhaft aussehen. Mit der richtigen Wasserversorgung sollten die Flecken wieder verschwinden (siehe hierzu S. 77).

Weitaus gefährlicher ist der andere Verursacher der Flecken: die Thripse. Diese kleinen ungebetenen Gäste sorgen durch ihre Kottröpfchen auf der Blattunterseite für die Bildung von Blattflecken. Hier müsst ihr euch frühzeitig in den Ring begeben bevor eure Pflanze so geschwächt ist, dass sie einen erheblichen Schaden davonträgt (siehe dazu S. 81).

KEINE MACHT DEN FLECKEN!

Mit der richtigen Pflege könnt ihr den Flecken vorbeugen. Checkt bei Kästen, in denen mehrere Pflanzen nebeneinanderstehen, den Abstand. Sie sollten nicht zu eng gesetzt sein. Achtet auch darauf, dass das Substrat gut gelockert ist, damit eine gute Belüftung stattfinden kann. Außerdem gilt auch hier wieder, weniger ist mehr: Gießt eure grünen Freunde am besten morgens, so können sie bis zum Abend „abtrocknen" und das Wasser besser verarbeiten. An kalten Tagen oder bei hoher Luftfeuchtigkeit lieber etwas weniger gießen.

TO DO:

MONTAG

DIENSTAG

MITTWOCH

DONNERSTAG

NOTIZEN

FREITAG

SAMSTAG

SONNTAG

SCHILDLÄUSE

Diese kleinen unbeliebten Mitbewohner sitzen meistens an den Trieben oder der Blattunterseite deines grünen Freundes. Schildläuse sind napfartige, ca. ein Zentimeter kleine, platte Beulen, die sich an deiner Pflanze festsaugen und für Deformierungen sorgen können. Ein weiteres Symptom ist ein weißer Belag, der sich auf den Blättern abzeichnet, da die kleinen Läuse einen fiesen Honigtau absondern, an welchem sich Schwärzepilze ansiedeln können (siehe S. 183).

Jetzt ist Action angesagt, sonst kann aus ein paar wenigen Läusen schnell eine ganze Plage werden.

Am liebsten lassen sich die Schildläuse auf der Strahlenaralie (Schefflera Arboricola) nieder. Auch meine Schefflera musste unter diesen kleinen Monstern leiden. Du solltest deinen befallenen Freund sofort separieren, da ein Befall auf benachbarten Pflanzen ruckzuck erfolgen kann.

Als erste Bekämpfungsmaßnahme solltest du deinem grünen Mitbewohner eine ordentliche Dusche verpassen und alle kleinen Monster entfernen, die gut geschützt unter ihrem braunen Schutzschild sitzen. Da ich kein Fan von chemischen Lösungen bin, möchte ich mit euch ein paar Tipps teilen:

DIE GUTE ALTE SEIFENLAUGE

Diese kannst du aus echter Kernseife und warmem Wasser herstellen. Nachdem du diese Mischung ca. zehn Minuten hast ziehen lassen, kannst du die betroffenen Stellen deines grünen Freundes behandeln. Leider ist es mit einmal abwischen nicht getan, du musst dies regelmäßig wiederholen.

DIE ALKOHOL—SCHMIERSEIFEN—MISCHUNG

Diese Lösung aus Alkohol und Schmierseife ist eine sehr aggressive, aber auch nützliche Maßnahme. Doch Vorsicht, diese Mischung ist nicht für alle Pflanzen geeignet. Checke vorab an einem Blatt deines grünen Freundes ab, ob er es verträgt. Sollte alles safe sein, benötigst du für diese Mischung ca. 30 Milliliter Spiritus, 30 Gramm Schmierseife und 2 Liter warmes Wasser. Lasse alles ca. 30 Minuten ziehen und behandle jede einzelne Laus feinsäuberlich mit einem Ohrstäbchen.

Office

Rankpflanzen machen den Arbeitsplatz
gleich viel freundlicher.

M	D	M	D	F

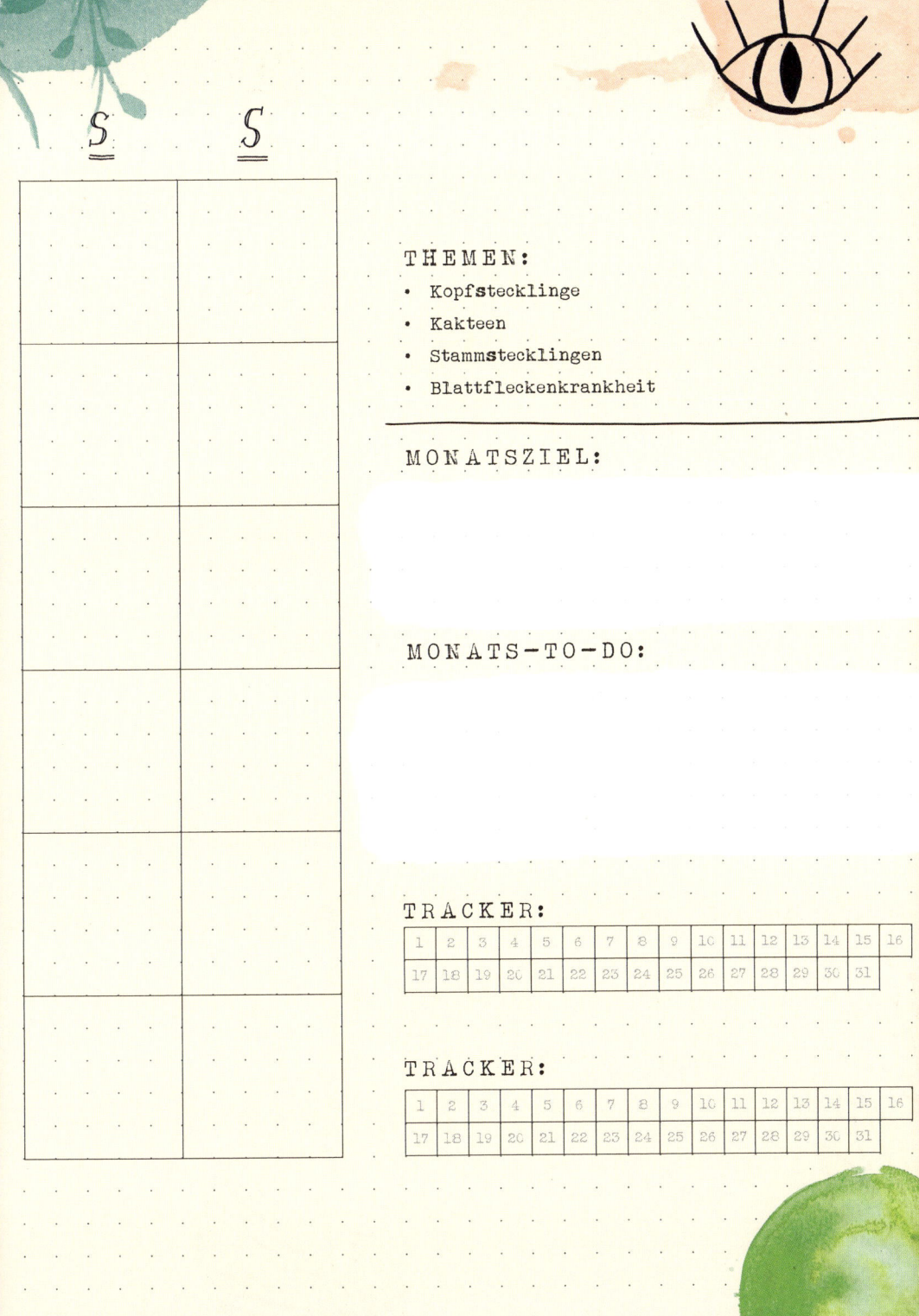

_S_ _S_

THEMEN:

- Kopfstecklinge
- Kakteen
- Stammstecklingen
- Blattfleckenkrankheit

MONATSZIEL:

MONATS-TO-DO:

TRACKER:

1	2	3	4	5	6	7	8	9	10	11	12	13	14	15	16
17	18	19	20	21	22	23	24	25	26	27	28	29	30	31	

TRACKER:

1	2	3	4	5	6	7	8	9	10	11	12	13	14	15	16
17	18	19	20	21	22	23	24	25	26	27	28	29	30	31	

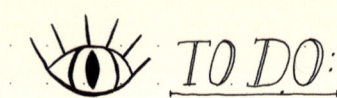 TO DO:

MONTAG

DIENSTAG

MITTWOCH

DONNERSTAG

NOTIZEN

FREITAG

SAMSTAG

SONNTAG

VERMEHRUNGSARTEN: KOPFSTECKLINGE

Stecklinge: Diese Art der Vermehrung kannst du bei den meisten grünen Freunden, die bei uns in der Bude wohnen, anwenden. Aber bitte im Frühling oder Sommer, da sie zu diesen Jahreszeiten kräftig wachsen und somit bereit sind.

Ich möchte euch hier und auf den Seiten 141, 153 und 157 ein paar Stecklingarten vorstellen und erklären, wie du sie richtig schneidest. Beginnen wir mit dem Kopfsteckling, der aus einer Triebspitze besteht.

Kopfstecklinge sind besonders geeignet bei grünen Freunden, die eine Luftwurzel aufweisen, wie die Monstera. Der perfekte Steckling besteht dann aus mindestens ein bis zwei Blättern sowie ebenfalls ein bis zwei Luftwurzeln. Den Steckling schneidest du mit einer scharfen Gartenschere ca. ein bis zwei Zentimeter unterhalb der Luftwurzel von der Mutterpflanze ab. Danach sollte die Schnittstelle ausgiebig trocknen, da sie, wenn du den Steckling sofort in eine Gefäß mit Wasser stellst, anfangen kann zu faulen. Ich lasse meine Stecklinge meistens über Nacht trocknen, aber ein paar Stunden tun es sicher auch.

Nachdem die Schnittstelle trocken ist, kannst du den Steckling inklusive Luftwurzel in eine große Vase oder in ein großes Gefäß mit gefiltertem Wasser stellen. Ich persönlich lasse meine Stecklinge in abgestandenem Wasser wurzeln und wechsle das Wasser einmal die Woche.

Alternativ kannst du ihn aber auch in Moos wurzeln lassen. Hier musst du darauf achten, dass das Moos konstant feucht gehalten wird. Aus der Luftwurzel werden sich im Lauf der Zeit neue Wurzeln bilden. Du musst allerdings sehr geduldig sein, da es mehrere Wochen dauern kann, bis du eine Veränderung entdeckst.

TO DO:

MONTAG

DIENSTAG

MITTWOCH

DONNERSTAG

NOTIZEN

FREITAG

SAMSTAG

SONNTAG

KAKTEENGEWÄCHSE

Kakteen eignen sich perfekt, wenn du dich erst einmal an einem grünen Freund ausprobieren möchtest. Sie gelten nämlich als die pflegeleichtesten Pflanzen überhaupt und sind quasi unverwüstlich, weil sie in der freien Natur unter widrigsten Bedingungen überleben. Damit sich die dornigen Schönheiten auf deiner Fensterbank wohlfühlen, solltest du trotzdem auf die Pflege achten.

GIESSEN: Als Sukkulenten nehmen Kakteen jeden Wassertropfen auf, den sie ergattern können, und legen im Stamm oder den Blättern Flüssigkeitsvorräte an. Einige Arten haben also enorme Wasserspeicher, die ihnen helfen, lange Durststrecken zu überleben. Deine stacheligen grünen Freunde solltest du daher selten, aber durchdringend gießen. Von Frühling bis Herbst sollten Kakteen gegossen werden, wenn die obere Erdschicht ausgetrocknet ist. Ab September stellen sich Kakteen dann auf eine Überwinterung ein und nutzen ihre Wasserspeicher. Hier gilt es, die Wassermenge beim Gießen drastisch zu reduzieren.

FÜR WACHSTUM UND STÄRKE:

Kakteen sind sehr bescheiden und haben nahezu keine Ansprüche, das bedeutet aber nicht, dass sie vollkommen auf eine ergänzende Nährstoffzufuhr verzichten können. Zwischen Mai und September könnt ihr einen speziellen Kakteen- oder Sukkulentendünger mit dem Gießwasser vermischen, dieser ist in seiner besonderen Zusammensetzung auf die Bedürfnisse eurer stacheligen Freunde abgestimmt.

DER RICHTIGE STELLPLATZ:

Die meisten Kakteenarten vertragen eine direkte Sonnenbestrahlung, allerdings solltet ihr darauf achten, dass eure Pflanze gleichmäßig belichtet wird, damit sie gerade wachsen kann. Je älter ein Kaktus wird, desto mehr Licht benötigt er. Junge Pflanzen lieben zwar einen hellen, jedoch keinen vollsonnigen Platz. Schützt sie daher vor direkter Mittagssonne, denn auch ein Kaktus kann Sonnenbrand bekommen.

MEINE WOCHE

TO DO:

MONTAG

DIENSTAG

MITTWOCH

DONNERSTAG

NOTIZEN

FREITAG

SAMSTAG

SONNTAG

VERMEHRUNGSARTEN: STAMMSTECKLING

Wenn bei grünen Freunden, die Luftwurzeln haben, nach dem Schnitt des Kopf-
stecklings (siehe S. 137) ein blattloser Stamm übrigbleibt, kannst du diesen ebenso zur Vermehrung verwenden. An diesem Stammsteckling finden sich
schlafende Blattknospen, auch „das schlafende Auge" genannt, welche als
Vegetationspunkte auf der Sprossachse zu erkennen sind. Du kannst deinen
grünen Freund nun vermehren, indem du den Stammsteckling zwischen den Ve-
getationspunkten zerschneidest.

Stelle dann für jedes Teilstück einen mit Anzuchterde oder Moos gefüll-
ten Topf bereit, besprühe das Substrat mit kalkfreiem Wasser, lege deinen
Stammsteckling waagerecht darauf und drücke ihn an. Wichtig ist, dass das
„schlafende Auge" nach oben zeigt.

Wenn du über ein Gewächshaus verfügst, können deine kleinen Stecklinge
dorthin ziehen und so in Ruhe wachsen und gedeihen. Eine erhöhte Luftfeuchtigkeit und eine warme Temperatur sind sehr wichtig. Alternativ kannst du
auch eine Plastiktüte oder eine Glashaube über den Topf stülpen, um den
gewünschten Effekt zu erzielen. Dann solltest du jedoch einmal am Tag lüften. Gießen solltest du von unten, sprich den Topf für ein paar Minuten in
weiches Wasser stellen.
Nach einiger Zeit wirst du feststellen, dass sich aus den Vegetationspunk-
ten Wurzeln und Blätter entwickelt haben. Leider beansprucht diese Methode
sehr viel Zeit. Wenn der Stammsteckling aber schließlich seinen kleinen
Anzuchttopf komplett vollgewurzelt hat, kannst du ihn umtopfen, und er kann
sich zu einem prächtigen grünen Freund entwickeln.

TO DO:

MONTAG

DIENSTAG

MITTWOCH

DONNERSTAG

NOTIZEN

FREITAG

SAMSTAG

SONNTAG

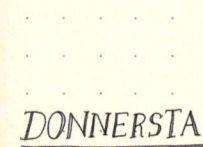

REZEPT

ALOE-VERA-FEUCHTIGKEITSGEL

Du leidest unter trockener Haut oder hast dir die Nase beim Sonnenbaden im Garten oder auf dem Balkon verbrannt? Dann kannst du dir ganz easy aus ein paar Zutaten und deiner echten Aloe Vera ein feuchtigkeitsspendendes und gleichzeitig kühlendes Gel herstellen. Und weißt du, was super ist? Das ist mit keinem großen Zeitaufwand verbunden.

Und so wird's gemacht:
Im ersten Schritt wird es ganz schön glitschig, da du das Aloe-Vera-Blatt an der Schale entlang filetieren musst. Am besten zerschneidest du das lange Blatt in kleinere Stückchen und beginnst mit dem Filetieren seitlich. Den glitschigen Inhalt anschließend in ein kleines Gefäß geben und ordentlich durchpürieren.
Das Kokosöl im Wasserbad schmelzen. Dann 3 bis 5 Tropfen Teebaumöl dazugeben. Kokosöl und Teebaumöl sind antibakteriell und helfen dir bei unreiner Haut und Pickeln. Ich habe eine sehr empfindliche Haut und komme super damit klar. Jedoch ist das von Mensch zu Mensch unterschiedlich, daher empfehle ich dir, dich vorher zu informieren.
Im nächsten Schritt nimmst du dein Gefäß aus dem Wasserbad, fügst den pürierten Inhalt deiner Aloe Vera hinzu und schwingst ordentlich den Schneebesen. Wenn alles gut vermengt ist, das Gel für ca. 30 Minuten in den Kühlschrank stellen, damit die Konsistenz etwas dicker wird.

Ein kleiner Tipp noch: Lagere dein Gel kühl und verbrauche es innerhalb von einer Woche.

ZUTATEN:

- ein Aloe-Vera-Blatt (achte darauf, dass es die „echte" Aloe Vera ist)
- 1 EL Kokosöl
- Teebaumöl

TO DO:

MONTAG

DIENSTAG

MITTWOCH

DONNERSTAG

NOTIZEN

FREITAG

SAMSTAG

SONNTAG

DIE BLATTFLECKENKRANKHEIT: DER GESPRENKELTE HORROR

Diese nicht besonders wählerische Krankheit wird durch einen Pilz hervorgerufen und kann alle unsere grünen Freunde, sei es zu Hause, im Garten oder auf dem Balkon, verunstalten. Sie sehen dann nicht mehr so frisch aus und haben rote, braune oder gelbliche Verfärbungen an den Blättern, bevor diese sich verabschieden.
Es sind vor allem die grünen Freunde betroffen, die durch vorherige Pflegefehler bereits geschwächt sind. Im Folgenden habe ich ein paar Tipps für euch, wie ihr die unerwünschten Verfärbungen vermeiden und ihnen vorbeugen könnt.

Erstens: Achtet darauf, kräftige und widerstandsfähige Pflanzen zu kaufen. Es gibt sogar resistente Pflanzen, z.B. Pfingstrosen oder bestimmte Gurkensorten. Informiert euch einfach bei dem Pflanzenhändler eures Vertrauens.

Zweitens: Ein geeigneter Standort (siehe S. 161 und 167), der die Ansprüche der jeweiligen Pflanze an Licht, Temperatur und Luftfeuchtigkeit erfüllt, ist sehr wichtig für das gesunde Wachstum eures grünen Freundes. Auch die Wahl des Substrats, bedarfsgerechtes Düngen und richtiges Gießen sind äußerst wichtig. (Siehe auch S. 53, 63, 65 und 77)

Da sich die Blattfleckenkrankheit schnell ausbreiten kann, solltet ihr befallene Pflanzen beschneiden, sobald ihr Verfärbungen seht. Bei großen Blättern könnt ihr nur die betroffenen Stellen entfernen, ansonsten das ganze Blatt. Wichtig ist dabei, dass dein Werkzeug sauber ist. Desinfiziert das Messer oder die Schere nach jedem Schnitt, damit es den Pilz nicht versehentlich auf gesundes Pflanzengewebe überträgt. Werft die befallenen Blätter unter keinen Umständen in den Kompost, da die Pilze dort in die Erde übergehen können und sich so in Blumenkästen oder im Garten verteilen. Sollte eure Pflanze bereits sehr stark befallen sein, ist es leider ratsam, sich komplett von ihr zu trennen, da das Ansteckungsrisiko für andere Pflanzen enorm ist.

diy KREATIVPROJEKT

RANKHILFE

Einige deiner grünen Freunde mögen es total, wenn sie wie wild klettern können. Die Rankhilfe bietet ihnen eine optimale Möglichkeit, sich zu verbreiten. Das Coole ist, dass sie gleichzeitig ein richtiger Hingucker ist. Dieses kleine Projekt ist allerdings etwas aufwendiger und erfordert ein bisschen mehr Zeit.

DU BENÖTIGST:

- eine Holzsäge,
- eine Schere,
- Kordel,
- Rundstäbe aus Holz (findest du im Baumarkt),
- Stockschrauben (passend zur Größe deiner Rundstäbe),
- Einschraubmutter (passend zur Größe deiner Rundstäbe),
- gute Dübel (passend zur Größe deiner Rundstäbe),
- je einen Holzbohrer (passend zur Größe deiner Rundstäbe),
- Schlitzschraubenzieher,
- einen Akkuschrauber,
- eine Bohrmaschine.

Im ersten Schritt sägst du die Stäbe in deiner gewünschten Länge zu. Meine sind ca.10,5 cm lang. Dann nimmst du dir deinen mit dem entsprechenden Holzbohrer bestückten Akkuschrauber zur Hand.

Jetzt ist ein bisschen Fingerspitzengefühl angesagt. Das Loch, in das du später die Einschraubmutter drückst, solltest du mittig in ein Ende des Stabes bohren.

Achte dabei darauf, dass das Loch nur so tief wie die Einschraubmutter hoch ist. Im zweiten Schritt bohrst du mit einem kleineren Holzbohrer in das vorherige Loch ein zweites Loch, dass so tief wie das Gewinde der Stockschraube ist, damit diese sich beim Einschrauben gut in die Mutter verhaken kann. Hört sich etwas tricky an, aber mit ein bisschen Übung geht es ratzfatz.

diy KREATIVPROJEKT

Nun schraubst du die Einschraubmutter
mit einem Schlitzschraubenzieher in das
Loch, bis sie sich gut verhakt.
Daraufhin schraubst du die Stockschraube
fest in die Mutter.

Im nächsten Schritt bohrst du viele Löcher in
die Wand, an der du die Rankhilfe installieren
möchtest. Die Dübel wandern nach und nach in die
gebohrten Löcher. Gegebenenfalls musst du einen
Hammer zur Hand nehmen. Dann in jedes Loch einen mit Stockschraube versehenen kleinen Rundstab
festschrauben. Zum Schluss noch die Kordel wild
von einem Stab zum anderen spannen und fertig
ist die Rankhilfe für deinen kletternden grünen
Freund.

Wie viele Stäbe du verwendest und wie du diese später
an deiner Wand anordnest, ist ganz deiner Kreativität
überlassen. Das Coole ist, dass die Rankhilfe auch zum
Aufhängen von Taschen oder Kleidung geeignet ist. Ich
wünsche dir ganz viel Spaß beim Nachzaubern!

M	D	M	D	F

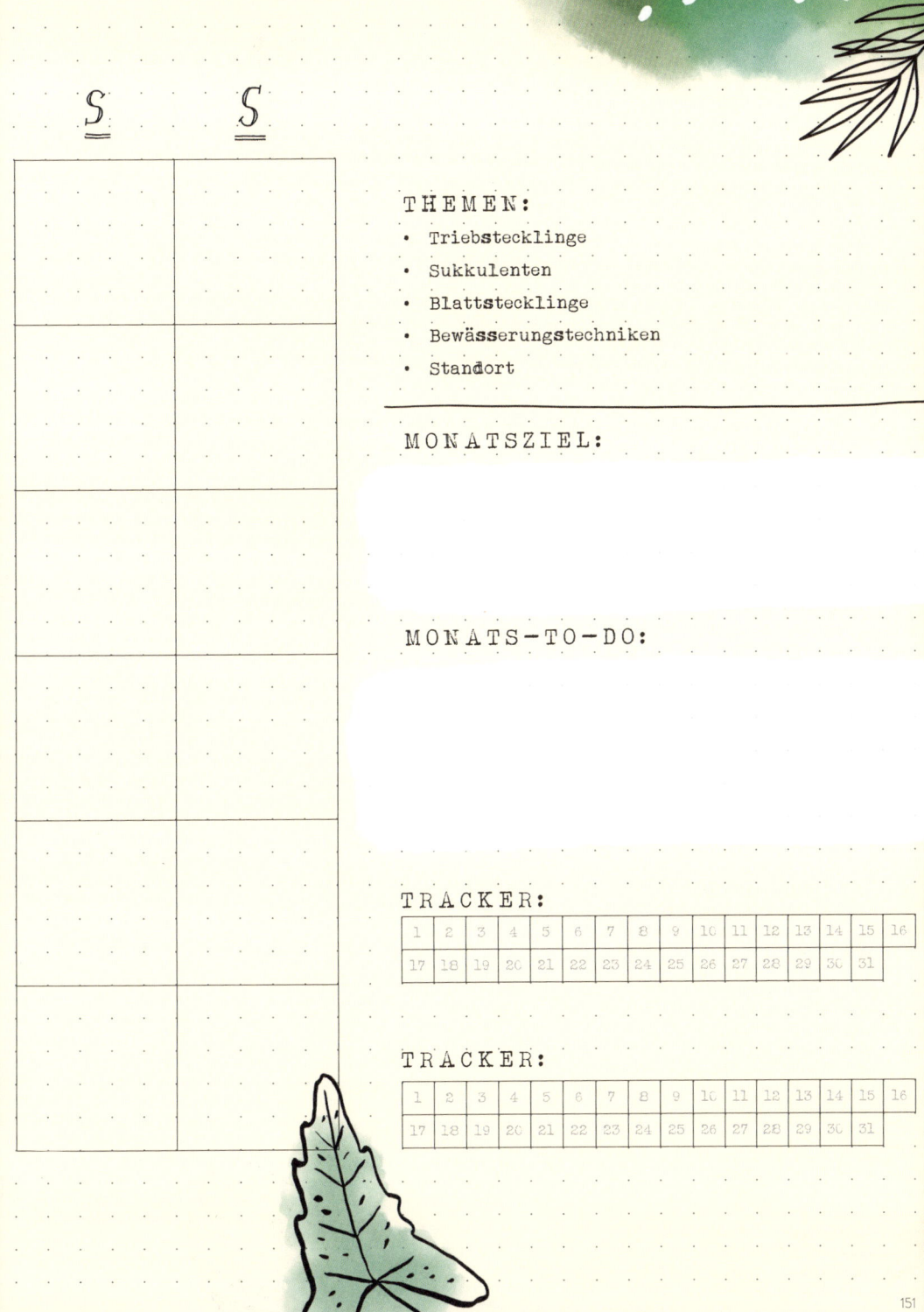

S   S

THEMEN:

- Triebstecklinge
- Sukkulenten
- Blattstecklinge
- Bewässerungstechniken
- Standort

MONATSZIEL:

MONATS-TO-DO:

TRACKER:

1	2	3	4	5	6	7	8	9	10	11	12	13	14	15	16
17	18	19	20	21	22	23	24	25	26	27	28	29	30	31	

TRACKER:

1	2	3	4	5	6	7	8	9	10	11	12	13	14	15	16
17	18	19	20	21	22	23	24	25	26	27	28	29	30	31	

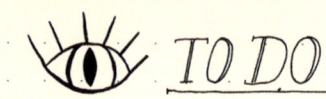 TO DO:

MONTAG

DIENSTAG

MITTWOCH

DONNERSTAG

NOTIZEN

FREITAG

SAMSTAG

SONNTAG

VERMEHRUNGSARTEN: TRIEBSTECKLING

Hier schneidest du im Frühling oder Frühsommer, z.B. beim Zebrakraut, ein zehn bis 15 Zentimeter langes Triebstück unterhalb einer Blattachsel ab. Du kannst ruhig die unteren zwei bis drei Blätter entfernen. Damit du später eine schöne, prächtige Pflanze aus deinem Triebsteckling erhältst, solltest du mehrere Stecklinge schneiden.

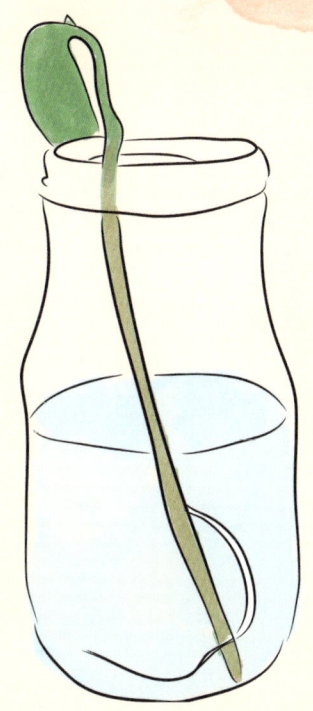

Achte aber darauf, dass noch genügend Triebe an deinem großen grünen Freund bleiben. Auch diese Stecklinge gibst du anschließend in ein Gefäß mit Wasser oder Moos, damit sich Wurzeln bilden können. Alternativ kannst du sie auch sofort in einen kleinen Topf mir Anzuchterde setzen, pro Topf bis zu drei Stecklinge.

Deine Gießkanne sollte nun ein Upgrade bekommen, einen Brauseaufsatz, mit dem du die Stecklinge vorsichtig angießt. Nun wandert eine durchsichtige Plastiktüte über ihr neues Zuhause, welche du mit einem Gummiband fixieren solltest, damit eine schöne Luftfeuchtigkeit entstehen kann. Achte darauf, dass das Substrat schön feucht, aber nicht zu nass, bleibt.

Nach ca. acht Wochen sollten die einzelnen Stecklinge Wurzeln gebildet haben, und du kannst auch schon neue Triebe erkennen. Nun kannst du die kleinen grünen Freunde in Töpfe mit z.B. Universalerde umsiedeln.

TO DO:

MONTAG

DIENSTAG

MITTWOCH

DONNERSTAG

NOTIZEN

FREITAG

SAMSTAG

SONNTAG

SUKKULENTEN

Man könnte meinen, Sukkulenten stammten von einem anderen Planeten. Rosetten-Dickblatt, Aloe Vera, Echeveria und die beliebte Fetthenne sehen mit ihren fleischigen Trieben und Blättern schon ein bisschen strange aus. Sie sind jedoch wahre Überlebenskünstler. Man findet sie überwiegend in trockenen Regionen, wo gutes Haushalten mit kostbarem Wasser das Überleben sichert. Sukkulenten und Kakteen sind Dickblattgewächse, die in ihren massiven Blättern über lange Zeiten Wasser speichern und lange Trockenperioden überstehen können. Diese Eigenschaft macht sie zu idealen Mitbewohnern für Pflanzenfüchse, die wenig Zeit für ihre grünen Freunde und deren Pflege haben. Beim Gießen gilt, weniger ist mehr. Sobald das Substrat staubtrocken ist, könnt ihr die Gießkanne schwingen, aber vermeidet Staunässe, da auch Sukkulenten sonst schnell von uns gehen können.

MEINE TOP 3:

Das Rosetten-Dickblatt:
Wer sich eine florale Vielfalt auf der Fensterbank wünscht, wird an dem Rosettenbäumchen nicht vorbei kommen. Es möchte hoch hinaus und beschenkt euch im Frühjahr mit kleinen hellgelben oder rosa getönten Blüten. Die eher anspruchslosen und genügsamen Dickblattgewächse sind super für Anfänger geeignet.

Aloe Vera:
Die echte Aloe Vera ist eine richtige Wunderpflanze. Okay, sie sieht zwar nicht spektakulär aus, aber sie gehört zu den besten Luftreinigern und ist auch noch Heilpflanze. Ihr Saft z.B. ist die perfekte SOS-Hilfe, wenn ihr zu lange in der Sonne gebrutzelt und euch einen Sonnenbrand eingefangen habt.

Affenschaukel oder Schlangen-Fetthenne:
Aufgrund ihrer bis zu ein Meter langen Triebe sehr gut als Ampelpflanze geeignet. Aber gehe sanft mit ihr um, da ihre Blätter schnell brechen können. Sie ist eine Sonnenanbeterin und liebt einen komplett sonnigen Platz, dann blüht die Schlangen-Fetthenne richtig auf.

MEINE WOCHE

TO DO:

MONTAG

DIENSTAG

MITTWOCH

DONNERSTAG

NOTIZEN

FREITAG

SAMSTAG

SONNTAG

VERMEHRUNGSARTEN: BLATTSTECKLING

Ein
einzelnes Blatt
soll Wurzeln schlagen?
Tja, irgendwie unglaubwürdig,
aber es kann wirklich funktionieren,
z.B. beim Bogenhanf, bei der Glücksfeder, bei verschiedenen Begonienarten und beim
alten bekannten Pfennigbaum. Brich dafür vorsichtig das Blatt mit Stiel vom Stamm oder Trieb,
ohne dass etwas zurückbleibt. Lass das Blatt dann
einen Tag trocknen. Anschließend sollte eine Narbe
erkennbar sein, die verhindert, dass das Blatt zu
viel Feuchtigkeit aufnimmt. Nun kannst du dich
entscheiden, ob du den Steckling lieber in
Anzuchterde oder in feuchtes Moos setzen
möchtest. Er sollte zu zwei Dritteln in
dein gewähltes Substrat eingesetzt und
um den Stiel herum leicht
festgedrückt
werden.

Beim Bogenhanf
läuft es etwas anders:
Hier zerteilst du ein junges
und gesundes Blatt in fünf Zentimeter
breite Streifen. Dann schiebst du
vorsichtig jeden Streifen so mit dem
unteren Ende in Anzuchterde, welche zusätzlich noch mit Perlit aufgelockert sein sollte,
dass er aufrecht steht und die Adern Kontakt
zum Substrat haben. Nun solltest du die Gießkanne schwingen und das Substrat so wässern,
dass es die Blattstücke ummantelt. Achte
darauf, dass du das überschüssige Wasser
ablaufen lässt, da sonst deine
Stecklinge verfaulen
können.

TO DO:

MONTAG

DIENSTAG

MITTWOCH

DONNERSTAG

NOTIZEN

FREITAG

SAMSTAG

SONNTAG

BEWÄSSERUNGSMETHODEN

Es
gibt
unter-
schiedliche
Methoden, wie
du deinen grünen
Freund gießen kannst.
Die wahrscheinlich be-
kannteste und gängigste Methode ist das Wässern von oben
oder von der Seite. Wenn du so
gießt, solltest du sicher sein, dass
es deinem Pflänzchen nichts ausmacht,
wenn seine Blätter etwas nass werden. Tropenpflanzen wie z.B. Farne kommen easy damit
klar. Achte aber darauf, dass genügend Wasser auf
dem Substrat landet.

Eine weitere Methode ist das Wässern von unten. Dafür befüllst du eine Schale mit Wasser und stellst deinen grünen
Freund hinein. Warte ca. 20 Minuten ab, hebe ihn aus seinem kleinen Bad heraus und lasse das überschüssige Wasser ablaufen. Diese
Methode eignet sich super für Pflanzen, die es nicht leiden können, wenn
ihre Blätter nass werden oder deren Blätter das Substrat verdecken.

Es gibt auch Pflanzen, die Wasser über ihre Blätter oder Luftwurzeln aufnehmen, die Orchidee oder die Monstera sind solche Kandidaten. Sie solltest du
regelmäßig besprühen. Vergiss aber bitte nicht, auch das Substrat zu wässern, damit die Erdwurzeln ebenfalls genügend Wasser aufnehmen können.

Wenn du deine Leidenschaft für kleine Tillandsien entdeckt hast, die quasi
von Luft und der Liebe leben, weil sie ohne jegliches Substrat gedeihen
(wie cool ist das?), musst du eine etwas andere Bewässerungsmethode
anwenden: Lege die Kleinen für maximal eine Stunde in eine mit abgestandenem Wasser gefüllte Schale. Wenn sie lang genug gebadet
haben, nimm sie heraus und lass sie einige Stunden trocknen.
Auch diese grünen Freunde freuen sich darüber, wenn du
sie ein paar Mal in der Woche mit Wasser
besprühst.

TO DO:

MONTAG

DIENSTAG

MITTWOCH

DONNERSTAG

NOTIZEN

FREITAG

SAMSTAG

SONNTAG

DER IDEALE STANDORT

Ob in der heißesten Wüste oder der trockensten Tundra, im Prinzip können deine grünen Freunde fast überall gedeihen. Allerdings solltest du darauf achten, dass du die Bedürfnisse der einen Pflanze nicht mit denen der anderen verwechselst. Selbst die genügsamste Sukkulente und die massivste Polarbirke würden nicht überleben, wenn man ihre Standorte vertauscht. Manchmal reicht es also schon, die Pflanze umzustellen, damit sie ideal wachsen kann. Doch welche Pflanzen passen in welches Zimmer?

Sonnendurchflutetes Wohnzimmer

Der Ficus, die Yucca-Palme und andere Tropenpflanzen lieben Bedingungen, die sie aus ihren Heimatländern kennen. Das Wohnzimmer kommt dem oft am nächsten: Meist ist dieser Raum nach Süden ausgerichtet und bekommt somit die wärmsten Sonnenstrahlen und viel Licht ab. Südfenster eignen sich auch exzellent für hitzeerprobte Sonnenanbeter wie Agaven, Aloe Vera und Kakteen.

Moderate Temperaturen im Schlafzimmer

Das Schlafzimmer ist meist kühler gehalten als das Wohnzimmer. Daher eignen sich für den Schlafraum Pflanzenarten, die mäßige Temperaturen bevorzugen und Ruhephasen einlegen, wie Klivien oder Sukkulenten.

Harmlos im Kinderzimmer

Hier ist die richtige Auswahl der Pflanzen besonders wichtig, denn in den meisten Fällen haben kleine Knöpfe einiges zum Fressen gern. Für sie können giftige Pflanzen gefährlich werden. Der ideale Begleiter im Kinderzimmer ist daher die bekannte Grünlilie. Sie bevorzugt überwiegend helle Plätze und Ecken, an denen sie nicht der direkten Sonneneinstrahlung ausgesetzt ist. Auf keinen Fall geeignet hingegen sind Freunde aus den Pflanzenfamilien Amaryllis-, Nachtschatten- und Wolfsmilchgewächse.

Weiter geht's auf Seite 167.

Wohnzimmer

Ein helles Wohnzimmer eignet
sich wunderbar für Sonnenanbeter.

M	D	M	D	F

$\underline{S}$ $\underline{S}$

THEMEN:

- Gadgets
- Pflegefehler Dünger
- Wurzelläuse
- Trauermücken

MONATSZIEL:

MONATS-TO-DO:

TRACKER:

1	2	3	4	5	6	7	8	9	10	11	12	13	14	15	16
17	18	19	20	21	22	23	24	25	26	27	28	29	30	31	

TRACKER:

1	2	3	4	5	6	7	8	9	10	11	12	13	14	15	16
17	18	19	20	21	22	23	24	25	26	27	28	29	30	31	

TO DO:

MONTAG

DIENSTAG

MITTWOCH

DONNERSTAG

NOTIZEN

FREITAG

SAMSTAG

SONNTAG

DER IDEALE STANDORT

Feuchtes Klima im Bad

Wie du vielleicht schon weißt, können Pflanzen einen Raum direkt viel wohnlicher aussehen lassen, auch das Bad! Und da es in den meisten Fällen gut geheizt und feucht ist, bietet es super Bedingungen für jede Form von Farnen, Orchideen und Zyperngräsern. Auch die kleinen Bubiköpfchen und Mooskraut fühlen sich bei einer erhöhten Luftfeuchtigkeit richtig wohl. Wer viel Platz im Bad hat, kann sich auch eine Kokospalme oder eine Birkenfeige besorgen.

Der Lebensmittelpunkt: die Küche

Frische Kräuter wie Basilikum, Thymian oder Oregano gehören zu den Klassikern, die in keiner Küche fehlen sollten. In schönen Pflanzgefäßen lassen sich diese kleinen Helden ideal ziehen. Das Blaue Lieschen oder bestimmte Peperomien-Arten fühlen sich bei Temperaturschwankungen, wie sie in der Küche beim Kochen entstehen, sehr wohl. Auch Einblattgewächse in Blumenampeln ertragen den Wechsel von Koch- und Backwärme sowie lüftenden Durchzug wirklich super.

Der dunkle Durchgang

Dielen, Flure und Treppenhäuser sind oft recht dunkel und im Winter in der Regel sehr kalt. Da solltest du darauf achten, robuste, nicht wählerische Pflanzen auszusuchen. Bogenhanf, Efeutute und Philodendren sind sehr anpassungsfähig und können hier prächtig gedeihen.

Da nicht jedes Wohnzimmer eine Südfront hat, nicht jeder Flur dunkel ist und nicht jedes Badezimmer gleichmäßig beheizt wird, solltest du die Augen offen halten. Wenn dein grüner Freund an seinem bisherigen Standort die Blätter hängen lässt oder diese gar abfallen, ist es höchste Zeit, nach einem neuen Platz für ihn zu suchen.

TO DO:

MONTAG

DIENSTAG

MITTWOCH

DONNERSTAG

NOTIZEN

FREITAG

SAMSTAG

SONNTAG

GADGETS

Was du alles benötigst, um deine grünen Freunde zu versorgen:

EINE KLEINE GIESSKANNE MIT BRAUSEAUFSATZ

Die brauchst du natürlich, um deine Pflanzen mit Wasser zu versorgen. Der Brauseaufsatz ist praktisch, um das Substrat deiner Pflanzen großflächig zu wässern.

FEUCHTIGKEITSMESSER

Du bist dir noch nicht sicher, wie genau du deine Pflanzen gießen sollst und hast Angst davor, etwas falsch zu machen? Dann kann ich dir einen Feuchtigkeitsmesser ans Herz legen. Er zeigt dir genau an, wie feucht das Substrat ist, und wann es wieder an der Zeit ist, deinen grünen Freund mit Wasser zu versorgen.

EINE KLEINE SPRÜHFLASCHE

Einige deiner grünen Freunde haben es besonders gern, wenn du ihre Blätter öfter oder sogar täglich einsprühst. Dadurch erhöhst du die Luftfeuchtigkeit und vermeidest gleichzeitig braune knusprige Blätter und den Befall von Schädlingen wie z.B. den fiesen Spinnmilben.

EINE GUTE GARTENSCHERE

Um z.B. alte Blätter oder Zweige zu entfernen oder Stecklinge sauber zu schneiden, solltest du dir eine gute Gartenschere zulegen. Natürlich würde es auch mit einer „normalen" Schere funktionieren, aber meist ist der Schnitt nicht sauber genug. Auf keinen Fall solltest du Triebe einfach abreißen.

LUFTFEUCHTIGKEITS- MESSGERÄT

Nicht das ultimative Must-Have, aber dennoch nice to have, da du damit einen super Überblick über die Luftfeuchtigkeit in deiner Bude erhältst und gegebenenfalls Maßnahmen gegen zu trockene Luft einleiten kannst. So kannst du z.B. knusprigen Blättern und Schädlingen vorbeugen.

EIN KLEINES SCHARFES MESSER

Das kannst du super gebrauchen, wenn du deinen grünen Freund z.B. durch Teilung vermehren möchtest oder auch um einen Ableger abzuschneiden.

EINE KLEINE PFLANZSCHAUFEL

Diese eignet sich super zum Einpflanzen und auch Umtopfen deiner grünen Freunde.

TO DO:

MONTAG

DIENSTAG

MITTWOCH

DONNERSTAG

NOTIZEN

FREITAG

SAMSTAG

SONNTAG

PFLEGEFEHLER RUND UMS DÜNGEN

Auf die Dosis und den Zeitpunkt kommt es an. Wichtig ist, dass du deine Pflanze nicht erst düngst, wenn bereits Mangelerscheinungen aufgetreten sind. Eine Faustregel besagt: Lieber häufiger kleinere Düngermengen geben, als nur ab und an eine große Portion. Dünger solltest du ausschließlich aufs feuchte Substrat geben. Im trockenen Substrat können sich die Nährstoffe nicht richtig verteilen und sind ungünstig an einer Stelle konzentriert. Am besten tauchst du deine Pflanze vor der Zugabe von Dünger erst einmal kurz in Wasser. Achte aber darauf, dass anschließend kein überschüssiges Wasser im Topf bleibt.

ZU VIEL DÜNGER
Viel hilft nicht immer viel. Ein Düngerüberschuss kann durch Umkehrosmose Nährstoffe aus den Pflanzenzellen deines grünen Freundes ziehen. Ein Zeichen dafür sind kleine braune Spitzen. Du kannst deine Pflanze dann entweder aus ihrem Substrat befreien, alles gründlich mit abgestandenem Wasser abwaschen und sie anschließend in neues Substrat einpflanzen oder du spülst das alte Substrat ordentlich mit Wasser durch. Dann müssen aber Abzugslöcher im Pflanzentopf vorhanden sein, damit das alte Wasser abfließen kann.

ZU WENIG DÜNGER
Die Blätter deiner Pflanze sind blass, werden nach und nach gelb und fallen ab? Das Wachstum lässt nach? Dann kannst du davon ausgehen, dass es deinem grünen Freund an Nährstoffen fehlt. Hier solltest du ihm ein bisschen nachhelfen und düngen.

DER FALSCHE ZEITPUNKT
Düngen solltest du nie im Winter. Die meisten deiner Pflanzen gönnen sich in der kalten Jahreszeit eine kleine Auszeit und arbeiten auf Sparflamme. In dieser Phase sammeln sie Kraft für das Frühjahr. Ab Februar, wenn die Tage langsam wieder länger werden, nehmen sie wieder mehr Sonnenlicht auf und benötigen für ihr Wachstum zusätzliche Nährstoffe.

Welche
Dünger du
verwenden kannst,
findest du
auf Seite
63 und 65.

TO DO:

MONTAG

DIENSTAG

MITTWOCH

DONNERSTAG

NOTIZEN

FREITAG

SAMSTAG

SONNTAG

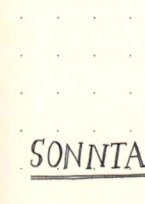

WURZELLÄUSE

Ja ihr habt richtig gelesen: Selbst die Wurzeln eures grünen Freundes können von ca. zwei bis drei Millimeter großen Läusen, den gemeinen Wurzelläusen, befallen sein. Sie sind genauso unterwegs wie ihre Verwanden, etwa die Schildläuse, und saugen den nährstoffreichen Saft aus den Pflanzenwurzeln. Das Problem ist, ihr könnt diese kleinen gefährlichen Übeltäter nicht sehen. Also heißt es nun, dass ihr auf die folgenden Symptome achten müsst:

Wenn euer grüner Freund verkrüppelte, welkende und gelbe Blätter aufweist, könnt ihr davon ausgehen, dass die Wurzeln einen Schaden davongetragen haben. Am wahrscheinlichsten werden eure Pflanzen von diesen ungebetenen Gästen befallen, wenn die Wurzeln bereits durch Staunässe angegriffen sind oder andere Mangelerscheinungen aufweisen. Die Wurzellaus lebt natürlich nicht alleine, sondern lässt sich zusammen mit ihrer Kolonie an den Wurzeln deiner Pflanze nieder.

Kannst du deinen grünen Freund nicht mehr durch Wässern wiederbeleben, darfst du davon ausgehen, dass eine Staunässe aufgetreten ist und du ungebetene Mitbewohner im Substrat hast. Das erkennst du, wenn du deinen Freund aus seinem Topf befreist und die Wurzeln genauer unter die Lupe nimmst. Entdeckst du an den Wurzeln und am Wurzelhals sowie an der umgebenden Erde ein wachsartiges weißes Pulver, solltest du folgende Maßnahmen ergreifen um deinen Freund zu retten:

Da diese kleinen Monster in der Erde leben, gestaltet sich die Bekämpfung etwas schwieriger als bei anderen Schädlingen. Als ersten Schritt solltest du deinen grünen Freund aus seinem Topf nehmen, das alte Substrat komplett entfernen und die Wurzeln sehr gründlich mit Wasser abwaschen. Nachdem alles wieder schön sauber ist, kannst du ihn in sein neues Substrat einpflanzen. Wenn der Befall schon fortgeschritten ist, kannst du auch hier das Neemöl einsetzen und als Gießmittel verwenden.

MONTAG

DIENSTAG

MITTWOCH

DONNERSTAG

FREITAG

SAMSTAG

SONNTAG

TO DO:

NOTIZEN

TRAUERMÜCKEN

Trauermücken sind kleine, äußerst flinke schwarze Fliegen. Ratzfatz werden aus einer hunderte und bei dir zu Hause steigt eine Party, auf der deine Pflanze keinen Spaß hat. Mit den folgenden Tipps lädst du die ungebetenen Partygäste aber gar nicht erst ein.

Achte auf dein Gießverhalten (siehe S. 77) und darauf, dass dein Topf ein Loch im Boden hat! Trauermücken lieben es, wenn die Erde feucht ist und die Wurzeln faulen.

Manchmal schlummern in der Erde Trauermückeneier. Am besten startest du daher direkt nach dem Kauf eine kleine Umtopfparty und befreist deine neuen Freunde von der alten Erde. Um sicher zu gehen, kannst du den Topf mit der neuen Erde für 20 bis 25 Minuten bei 80 °C in den Backofen stellen. So werden alle Larven abgetötet.

Schwirrt die erste Trauermücke trotzdem gut gelaunt um deine Nase, musst du als erstes den grünen Freund finden, der sie eingeladen hat. Der Kleine muss leider in Quarantäne, damit sich das Übel nicht ausbreitet.

Dann gilt es, die Viecher zu fangen, und zwar mit Gelbfallen oder Gelbstickern, die du in der Nähe des befallenen Freundes platzierst.
Steck außerdem ein paar Streichhölzer mit dem Kopf in die Erde. Sie bestehen aus Schwefelbestandteilen, die durch das Gießwasser im Topf verteilt werden und den Trauermücken das Licht ausknipsen.
Halte den Topf deines grünen Freundes schön sauber und befreie deine Pflanze von toten Blättern und Zweigen.

Sollte alles nichts helfen, bleibt dir noch, die Pflanze umzutopfen, um die Larven loszuwerden. Die alte Erde, verrottete Wurzeln und Pflanzenreste dabei vollständig entfernen und den alten Topf gründlich reinigen, am besten mit der neuen Erde in den Backofen (siehe oben)!

Wenn alle Stricke reißen, könnt ihr Neemöl verwenden. Haut einfach ein bis zwei Esslöffel Neemöl und den Emulgator Rimulgan in das Gießwasser und die Party nimmt ganz schnell ein Ende.

M	D	M	D	F

S   *S*

THEMEN:

- Überwinterungstipps
- Bewässerungstipps für den Urlaub
- Schwärzepilze
- Pflegefehler Licht

MONATSZIEL:

MONATS-TO-DO:

TRACKER:

1	2	3	4	5	6	7	8	9	10	11	12	13	14	15	16
17	18	19	20	21	22	23	24	25	26	27	28	29	30	31	

TRACKER:

1	2	3	4	5	6	7	8	9	10	11	12	13	14	15	16
17	18	19	20	21	22	23	24	25	26	27	28	29	30	31	

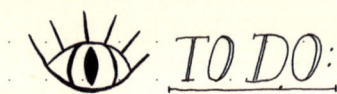

TO DO:

MONTAG

DIENSTAG

MITTWOCH

DONNERSTAG

NOTIZEN

FREITAG

SAMSTAG

SONNTAG

ÜBERWINTERUNG

Der Winter ist die härteste Jahreszeit für unsere kleinen grünen Freunde: Die Sonne lässt sich nur ab und zu blicken, die Tage sind kürzer und die Heizung macht die Luft in der Bude trocken. Ist die Luftfeuchtigkeit zu gering, bekommt dein grüner Freund knusprige Spitzen.

Pflanzen, die viel Licht benötigen, sind in der Zeit gezwungen, ihren gewohnten Platz zu verlassen. Nun können sie auch ruhig in der Mittagssonne stehen, da diese in den Wintermonaten nicht so stark ist. Wichtig ist nur, sie nicht direkt an der Heizung zu positionieren, da sie sonst Verbrennungen erleiden könnten oder sich Schädlinge einfangen. Anfang März kannst du sie dann easy wieder an ihren gewohnten Platz zurückstellen.

Wichtig ist auch, dass du auf dein Gießverhalten achtest (siehe auch S. 21 und 77). Deine grünen Freunde benötigen in den Wintermonaten nämlich weniger Wasser als sonst, je nach Pflanzenart viel weniger oder nur ein bisschen. Hat dein grüner Freund zum Beispiel dicke Blätter, dienen diese als Wasserspeicher und du musst nicht oft die Gießkanne schwingen. In der Nähe einer Heizung solltest du allerdings immer checken, wie trocken sie sind. Auch Dünger solltest du im Winter wenig zur Hand nehmen (siehe auch S. 171) und zu guter Letzt darauf achten, dass deine grünen Freunde keine Zugluft abbekommen.

TO DO:

MONTAG

DIENSTAG

MITTWOCH

DONNERSTAG

NOTIZEN

FREITAG

SAMSTAG

SONNTAG

BEWÄSSERUNGSTIPPS FÜR DEN URLAUB

Du möchtest endlich mal wieder in den Urlaub fahren, ohne ein schlechtes Gewissen gegenüber deinen grünen Freunden zu haben? Und vor allem keine Angst, dass deine menschlichen Freunde eine der Pflanzen ins Jenseits befördern, weil sie zu oft oder zu selten die Gießkanne schwingen? Dann habe ich zwei Tipps für dich.

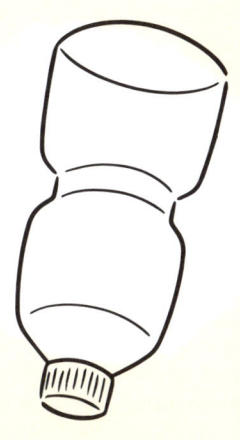

DAS DOCHTSYSTEM

Du benötigst eine Wasserschale, einen weiteren Pflanzenübertopf und ein Kapillarvlies. (Das ist eine Bewässerungsmatte, die du easy im Gartencenter kaufen kannst.) Schneide das Vlies in einzelne Streifen, füll die Schüssel mit Wasser und stell sie auf den umgedrehten Pflanzenübertopf, den du neben deinem grünen Freund positionierst. Wichtig ist, dass der Übertopf mit der Schüssel etwas höher steht als das Substrat deiner Pflanze. Jetzt legst du einen Vliesstreifen mit dem einen Ende ins Wasser und drückst ihn mit dem anderen ins Substrat. So versorgt er deinen grünen Freund langsam mit Wasser. Diese Methode eignet sich super für etwas größere Pflanzen.

DER WASSERFLASCHENTRICK

Hierfür benötigst du lediglich eine alte Wasserflasche aus Plastik, deren Boden du abschneidest. Steche dann in den festgedrehten Deckel mit einer dicken heißen Nadel oder einem heißen Bratenspieß ein Loch, aus dem später das Wasser in das Substrat tropft. Checke kurz ab, ob auch genügend Wasser durch das Loch transportiert wird, bevor du die Flasche mit dem Deckel zuerst in das Substrat deines grünen Freundes steckst. Als letzten Schritt einfach Wasser in die Flasche füllen und die Bewässerung startet sofort. Achte darauf, dass der Topf deiner Pflanze Abzugslöcher hat, damit der Wurzelballen später nicht im Wasser steht.

Übrigens: Um deine Kakteen und deine Sukkulenten brauchst du dir keine Sorgen machen. Sie kommen locker mehrere Wochen ohne Wasser aus. Achte aber darauf, dass sie an einem hellen und etwas kühleren Standort stehen.

TO DO:

MONTAG

DIENSTAG

MITTWOCH

DONNERSTAG

NOTIZEN

FREITAG

SAMSTAG

SONNTAG

SCHWÄRZEPILZE

Die sogenannten Schwärzepilze lassen sich gerne auf Garten- und Zimmerpflanzen nieder. Auf den Blättern eurer grünen Freunde taucht ein schwarzer oder dunkelbrauner Pilzbelag auf, der sich sternförmig entwickeln kann. Dein Freund wird im ersten Moment keinen großen Schaden erleiden, da vorerst nur die Poren verstopfen und somit die Fotosynthese verhindert wird. Dabei bleibt es aber leider nicht, da jetzt das große Krabbeln ins Spiel kommt. Der Befall wird durch Sauginsekten, z.B. Blatt-, Schild-, oder Schmierläuse, die deinen grünen Freund als neues Zuhause missbrauchen, verursacht. Durch die Ausscheidungen dieser ungebetenen Gäste werden die Blätter mit einem lackartigen klebrigen Belag überzogen, dem sogenannten Honigtau. Dieser Nährboden bietet die ideale Voraussetzung für die Schwärzepilze.

MASSNAHMEN UND BEKÄMPFUNG

Tritt die Schwarzfleckenkrankheit nur vereinzelt auf, reicht es, wenn ihr die betroffenen Blätter eurer grünen Freunde entfernt und entsorgt. Auch hier gilt: Sei gründlich bei der Entsorgung der abgetrennten Blätter, um die Ausbreitung der Pilze zu vermeiden. Sollte der Pilzbefall großflächig auftreten, eignet sich ein Gemisch aus Essig und Wasser, mit welchem die Blätter abgewischt werden können. Achte aber bitte darauf, den Pflanzbehälter mit der Substratoberfläche gut abzudecken, damit das Gemisch dort nicht eindringen kann. Wenn du zu spät bemerkst, dass dein grüner Freund befallen ist und kleine ungebetene Gäste sich schon breit gemacht haben, kannst du davon ausgehen, dass deine Pflanze massiv von Schädlingen befallen ist. Da hilft nur noch eins: Du solltest auf jeden Fall alle befallenen Blätter entfernen, deinen grünen Freund aus seinem alten Substrat befreien, die Wurzeln gründlich abduschen und ihn in einem neuen frischen Substrat einsetzen.

TO DO:

MONTAG

DIENSTAG

MITTWOCH

DONNERSTAG

NOTIZEN

FREITAG

SAMSTAG

SONNTAG

PFLEGEFEHLER: ZU VIEL ODER ZU WENIG LICHT

ZU VIEL LICHT

Natürlich brauchen unsere grünen Freunde ausreichend Licht, um gesund und prächtig zu wachsen. Allerdings kann es auch vorkommen, dass sie zu viel abbekommen. Sogar Sonnenanbetern kann es unangenehm werden, wenn sie auf einer Fensterbank stehen, die zur Südseite gerichtet ist, und einen großen Teil des Tages die knallige Sonne aushalten müssen. Dass eine Pflanze zu viel Licht abbekommen hat, erkennst du daran, dass die Blattspitzen braun werden und die Blätter anfangen zu welken. Kleine braune Stellen auf den Blättern können eine Art Sonnenbrand sein. Dann solltest du deinem grünen Freund schnell ein schattiges Plätzchen in deiner Wohnung suchen.

ZU WENIG LICHT

Dein grüner Freund sieht etwas schief und krumm aus? Seine Blätter verlieren ganz schön an Farbe und werden entweder blass oder gelb und eine Blüte bekommst du auch nicht von ihm geschenkt? Dann kannst du davon ausgehen, dass er viel zu wenig Licht bekommt und solltest ihn schleunigst an ein helleres Plätzchen stellen.
Du solltest zudem verhindern, dass die einzelnen Triebe deiner Pflanze sich zum Licht strecken müssen und dadurch schwach werden. So „vergeilt" dein grüner Freund, d.h. er wächst schief, was natürlich nicht so schön aussieht.

Wichtig ist, dass du die Bedürfnisse deiner Pflanze checkst und ihr dementsprechend in deiner Wohnung einen schönen Platz schenkst, wo sie gesund wachsen kann (siehe dazu auch S. 161 und 167).

TO DO:

MONTAG

DIENSTAG

MITTWOCH

DONNERSTAG

NOTIZEN

FREITAG

SAMSTAG

SONNTAG

REZEPT

LAVENDEL-SALBEI-DEO

Ein selbst gezaubertes Deo stand schon lange auf meiner Liste: Da mein altes über den Tag verteilt immer mehr versagte, hatte ich mir fest vorgenommen, etwas Neues auszuprobieren. Dieses Deo ist nicht nur schweißhemmend, es neutralisiert auch unangenehme Gerüche. Prüfe aber bitte vor dem Verwenden, ob du alle Zutaten verträgst.

Und so wird's gemacht:

Als Erstes die getrockneten Lavendelblüten und die getrockneten Salbeiblätter im Mörser leicht zerdrücken. Dann die Kräuter und das Kokosöl im Wasserbad langsam erhitzen und anschließend eine Stunde im warmen Wasserbad ziehen lassen. In der Zwischenzeit das Natron und die Maisstärke fein sieben.

Wenn die Ziehzeit vorüber ist, die Kräutermischung durch ein Sieb geben. Achte darauf, dass keine Kräuterreste durchrutschen.

Kokos-Kräuteröl erneut ins Wasserbad geben und die Sheabutter und das Beerenwachs hinzufügen. Warte, bis sich alles gut aufgelöst hat, und verrühre die Mischung. Anschließend herausnehmen und abkühlen lassen.

Dann die Natron-Maisstärke-Mischung zum Öl geben und mit einem Schneebesen gleichmäßig verrühren. Für ca. 5 Minuten in den Kühlschrank stellen, dann erneut rühren. Ein weiteres Mal für 5 Minuten in den Kühlschrank und anschließend rühren. Diese Schritte so oft wiederholen, bis das Deo cremig ist, anschließend umfüllen und für ein paar Stunden in den Kühlschrank stellen.

Tipp: Lagere das Deo nicht wärmer als 25 °C, da es sonst schnell matschig wird oder schmilzt.

ZUTATEN:

- 2 EL getrocknete Lavendelblüten
- 1 EL Salbei
- 1 TL Beerenwachs
- 2 EL Maisstärke
- 1 TL Sheabutter
- 1 EL Natron
- 3 EL Kokosöl
- ätherisches Lavendelöl für einen intensiveren Geruch (das kann man auch weglassen)

Notizen

10,- /2024

IMPRESSUM

Alle in diesem Buch veröffentlichten Aussagen und Ratschläge
wurden von der Autorin und vom Verlag sorgfältig erwogen
und geprüft. Eine Garantie kann jedoch nicht übernommen
werden, ebenso ist die Haftung der Autorin bzw. des Verlags
und seiner Beauftragten für Personen-, Sach- und Vermögens-
schäden ausgeschlossen.

MIX
Papier aus verantwor-
tungsvollen Quellen
FSC® C010328

Verlagsgruppe Random House FSC® N001967

1. Auflage
Originalausgabe
© 2020 YUNA in der Verlagsgruppe Random House GmbH,
Neumarkter Str. 28, 81673 München
Cover, Illustration, Layout und Satz: Kim Hoss
Fotos: Julia Ruda
Druck und Verarbeitung: Alföldi Nyomda Zrt., Debrecen
Printed in Hungary

ISBN 978-3-517-30300-0